Ricardo Salvador

La oveja negra

Novela

La oveja negra
© 2025, Ricardo Salvador

Derechos reservados
Primera edición impresa en Bolivia

Resolución Administrativa SENAPI: No. 1-181-D/2025
Depósito Legal: No. 4 - 1 - 3988 - 2025
Registro ISBN: 978-9917-0-5437-5

DISEÑO E IMPRESIÓN: LNG

No se permite la reproducción total o parcial de este libro ni su incorporación a un sistema informático, ni su transmisión en cualquier forma o por cualquier medio, sea este electrónico, mecánico, por fotocopia, por grabación u otros métodos, sin el permiso previo y por escrito de los titulares del copyright.

La infracción de los derechos mencionados puede ser constitutiva de delito contra la propiedad intelectual.

Contenido

Prólogo 5
1. ¿Mamá? ¿Papá? 9
2. Espantapájaros 21
3. El bosque muerto 33
4. Sarah 39
5. Puerta Roja 51
6. ¿La Fiesta? 61
7. Trayecto Z 75
8. Dos cheques y un libro de recuerdos 83
9. Detrás de ti. 91
10. La isla de las sombras 109
11. Sr. F 119
12. El bosque muerto II 127
13. Demonios 135
14. Abuela 147
15. Amén ... Padre 157
16. No esta vez 173
17. Jon 183
18. Déjà vu 197
19. Dulces Sueños 213
20. La oveja negra 229
21. ¿Muerte? 241

Prólogo

Homero Carvalho Oliva

En un mundo donde la angustia se convierte en compañero silencioso, **La oveja negra**, la primera novela de Ricardo Salvador, nos invita a emprender un viaje inexplorado hacia las profundidades del alma humana. La historia de Franky, un joven atormentado por la sensación de ser perseguido, no es simplemente una narración de terror psicológico; es un espejo que refleja las luchas internas de aquellos que, como él, buscan respuestas en la niebla de sus propios miedos. En las páginas de **La oveja negra**, Salvador nos ofrece un espejo quebrado, un sendero ambiguo donde la persecución y la búsqueda de identidad se funden en una danza oscura e inevitable.

Franky, al llegar a un modesto hotel, no sospecha aún que su vida está a punto de agrietarse. Lo sigue un anciano tuerto —o acaso es sólo un reflejo de algo que siempre ha llevado consigo—, y el mundo que creía conocer empieza a fragmentarse como un vidrio bajo presión. No está solo, pero tampoco está acompañado: está, como diría Kafka, "condenado a vivir en un tribunal cuyas leyes ignora y cuyo juez nunca se deja ver."

"El miedo es un gran motivador", dice un antiguo sabio en la novela, y es precisamente esta búsqueda de significado lo que impulsa a Franky a transitar por un laberinto de recuerdos confusos y pesadillas inquietantes. Desde su llegada al hotel, donde la sombra de un anciano tuerto lo acecha, hasta los ecos de un criminal fugado, el autor despliega una atmósfera opresiva, un trasfondo que nos recuerda que a veces, lo más aterrador no es lo que vemos, sino lo que nos acecha desde las sombras de nuestra mente.

Cada paso que da Franky lo acerca no a la salvación, sino a su propia sombra. El sexto piso, la puerta entreabierta, el balcón olvidado: todo habla, todo susurra en una lengua que aún no comprende. A través de sueños turbios y recuerdos inciertos, persiste la angustia, esa marea subterránea que, como advertía Dostoievski, "no nace del miedo a lo desconocido, sino del descubrimiento de lo que siempre ha estado dentro."

Salvador, con una madurez sorprendente para un narrador tan joven, nos arrastra a los rincones más sombríos de la mente humana, donde las figuras que acechan no son meramente externas, sino fragmentos de uno mismo. Franky huye, busca refugio en la luz, en la cabaña, en la calidez de otros rostros. Pero el bosque, la sombra, la tormenta, no lo persiguen: lo revelan.

"Una novela, para ser grande, debe conmover no sólo los nervios, sino también el alma," afirmaba Virginia Woolf. Y en esta novela, cada desmayo, cada encuentro con el anciano sabio y lacerado por el tiempo, cada consejo susurrado bajo la lluvia, conmueve porque nos muestra una verdad incómoda: el verdadero enemigo no es otro que el dolor que no hemos querido mirar de frente.

El Sr. F —ese criminal evocado entre noticias, susurros y sueños— no es sólo una amenaza externa. Es un nombre, un rostro, para aquello que en nosotros exige ser visto, oído, reconciliado. La lucha de Franky contra la bestia, el derrumbe de los muros que creía seguros, la voz que le promete redención, todo desemboca en un acto último y sencillo: tender la mano a esa parte de sí mismo que había condenado al exilio.

"El arte de la novela consiste en decir grandes cosas de la manera más sencilla posible," enseñaba Hemingway. Salvador, en *La oveja negra*, se mantiene fiel a este principio. No necesita giros grandilocuentes ni escenarios deslumbrantes: basta una isla sombría, un hotel a punto de caer, y la determinación silenciosa de un joven que elige, finalmente, no huir.

La relación entre Franky y el Sr. F, un personaje que encarna el sufrimiento y la nostalgia, se convierte en el núcleo emocional de la novela. En un hotel desmoronándose bajo el peso de sus propios secretos, ambos personajes encuentran la posibilidad de reconciliación. "Lo que ha pasado ya no importa", dice Franky, recordándonos que a veces, el perdón y la conexión son los únicos caminos hacia la redención.

"Los sueños contienen mensajes de lo más oscuro del ser", advierte el anciano, y es en esta búsqueda de introspección donde Franky debe confrontar su propia verdad. Cada pesadilla, cada figura sombría que lo persigue, es un recordatorio de que el dolor y la lucha son inevitables, pero también son catalizadores de transformación. A medida que la narrativa avanza, el lector se ve obligado a cuestionarse: ¿qué sucede cuando enfrentamos nuestras sombras?

Porque *La oveja negra* no es simplemente una historia de miedo, sino de redención. Una historia que nos recuerda, como decía Camus, que "en medio del invierno, había en mí un verano invencible". Franky, en su caída, en su despertar, nos invita a creer en la posibilidad última de reconciliarnos con nuestras sombras. Y eso, en tiempos de tanto ruido y tanto exilio interior, es un acto profundamente valiente. *La oveja negra* es, en última instancia, una exploración de la vulnerabilidad humana. A través de la prosa de Salvador, somos testigos de cómo los personajes luchan por encontrar sentido en medio del caos. Esta novela no solo es una historia de terror; es una meditación sobre el amor, la pérdida y la búsqueda incesante de luz en la oscuridad. Bienvenido, lector. Atrévete a entrar.

1. ¿Mamá? ¿Papá?

1

Era la habitación 601 del Hotel Bella Muerte, un reconocido lugar en CIUDAD 1 por su hermosa ubicación y la comodidad de sus instalaciones. El reloj marcaba las 6:30 p.m. y Franky Warner de siete años se encontraba jugando con dos muñecos de plástico a los pies de la cama matrimonial en la que sus padres, Henrique y Nicole, estaban cómodamente acostados. El establecimiento, viejo y con mucha tradición, había sido renovado muchas veces, a medida que iban pasando los años, de todas formas, nunca perdió aquel toque antiguo y pintoresco que tuvo en sus inicios.

El hotel estaba a las orillas del océano y formaba un peñasco directo hacia él. Una de las mayores atracciones eran justamente las habitaciones que daban hacia el mar, pues los balcones formaban un risco hacia el gran cuerpo de agua; lo cual, para personas con miedo a las alturas, podría ser una gran pesadilla; sin embargo, para la mayoría de los turistas, era algo inolvidable. Las habitaciones habían sido cuidadosamente diseñadas con un estilo clásico y muy refinado; los detalles en iluminación y los muebles arraigados a una misma moda, refutaban a aquellos que creían que aquel era únicamente un estilo por el que optaban las abuelas y tías, puesto que su popularidad no había menguado, menos aún, en hoteles de alta gama.

— Cariño, si queremos cenar y llegar a la feria a tiempo, creo que será mejor que nos levantemos, — dijo la esposa, mientras intentaba levantar la cabeza del hombro de su marido. — Aparte que tú sabes cuánto le gusta a Franky pasar el rato en aquel lugar. — Los tres ya habían pasado la última de sus vacaciones en Bella Muerte; sin embargo, el itinerario que llevaron no había ayudado a que pudiesen cumplir con todas las expectativas que tenían. De todas formas, el lugar era el favorito de la familia Warner, y esta vez estaban más preparados.

El primer domingo de noviembre se llevaba a cabo, a las orillas de la hermosa playa de CIUDAD 2, la feria pagana. Un gran evento en el cual atendían personas de casi todo el país, la gran cantidad de disfraces y juegos para toda la familia, hacía de aquel lugar prácticamente un centro de entretenimiento.
— Hum tienes razón… — respondió Henrique. — Franky? — dijo viendo a su hijo. — Ven vamos a cambiarte, iremos a la feria. — Entonces Franky, emocionado, dejó ambos juguetes y acompañó a su papá al ropero donde estaban las prendas de vestir que habían empacado y comprado para las vacaciones.

Mientras tanto, Nicole se incorporó e ingresó al baño, el cual relucía por la limpieza y la cantidad de productos que tenía para el aseo. Disfrutaba lavar aquella larga cabellera castaña que relucía donde iba; tenía 36 años y siempre había sido una mujer muy atrayente.

2

Henrique ayudó con la ropa a su hijo. Logró ponerle aquella camisa que habían comprado que, aunque no le había gustado mucho a Franky, le quedaba perfecta. Una camisa color beige con botones negros, su madre estaría encantada. Henrique, por su parte, tenía una de color negro, estaba peinado hacia atrás y, a pesar de sus 42 años, no había perdido mucho pelo ni ganado mucho peso. Se veía bien y, de hecho, aun estando en casa o sin necesidad de tener algún evento importante, le gustaba mantenerse bien vestido y aseado, lo que obviamente agradaba a su mujer.

Franky y su padre estaban listos; Nicole, en cambio, estaba en el vestidor, que por cierto era de gran tamaño, al igual que toda la habitación. Tenía que serlo; era una de las más caras del lugar. Los Warner habían anticipado al hotel que llevarían un niño, por lo que todo se había organizado de manera que Franky tuviese su sitio en la espaciosa habitación; de todas formas, la familia no pasaría mucho en el hotel.

Mientras esperaban que Nicole estuviera lista, Henrique alzó a su hijo y lo acomodó en su brazo derecho de manera que ambos vieran al frente. Se acercó entonces al balcón, era un hermoso paisaje, el sol se estaba poniendo y la noche estaba pronta en llegar. Debajo del balcón, las olas suavemente golpeaban las rocas en las que estaba cimentado el Bella Muerte, lo cual emitía un sonido que producía algún tipo de paz o tranquilidad. En otras terrazas del hotel, estaban otras familias que habían llegado a pasar sus vacaciones. Un gran sentimiento de armonía había entre los que estaban en el lugar, no tan solo en el hotel, sino también en toda aquella pequeña parte de CIUDAD 1. Era una zona casi exclusivamente para el turismo y los vacacionistas, por lo que había personas de casi todo el país y también de otros países.

— Franky, tu mamá me contó que crees que últimamente tú y yo no pasamos mucho tiempo juntos. — Dijo Henrique a su hijo. Él había estado trabajando todo el último año con una empresa de iluminación muy reconocida en un gran proyecto para la alcaldía de CIUDAD 2, ciudad donde la familia Warner residía. Específicamente, era un proyecto de luminaria que al parecer reemplazaría los viejos circuitos de la ciudad de manera sencilla, por unos de última tecnología de fácil uso y muy económicos. — Escucha hijo, sé que es verdad que este último año estuve muy ausente, pero solo es para que tú, mamá y yo podamos pasar estas hermosas vacaciones. De todas formas, ya no debes preocuparte, este año será diferente; ya no tendré que estar tanto tiempo fuera, ni trabajando en la oficina, te lo prometo. Tu papá ahora estará en casa contigo. ¿Te gustaría eso? — El proyecto de Henrique y sus asociados había sido aprobado tres días antes de que la familia tomase aquellas vacaciones, por lo cual él ya sabía que sus horas de oficina y de trasnochadas habían terminado, al menos por un tiempo. — Si papi claro que me gustaría… Quisiera que me enseñaras a jugar futbol; todos en mi escuela lo juegan y nadie me quiere en su equipo. —

—Respondió Franky. Era un niño listo, con muchas dotes, así decían sus padres, aunque claro, es lo que parecieran estar siempre obligados a decir; sin embargo, esta vez era diferente. Para su corta edad, Franky, como le decían sus familiares, había sido adelantado dos grados y tenía un coeficiente intelectual rondando los 120 puntos. Esto no significaba que era un gran genio; sin embargo, estaba un poco por encima de los niños de su edad. Claramente, esto no le había hecho mucha popularidad entre sus compañeros, de igual manera. Al haber sido adelantado en su escuela, era el niño más pequeño de quinto grado, un niño de pelo negro rizado de rasgos finos de siete años, en medio de niños de nueve a diez años, quienes rara vez piensan en los demás de su edad. Era inevitable que surgiese algún tipo de abuso. — Mira Franky, ¿qué te parece si mejor cuando lleguemos a casa compramos un balón y te enseño un par de trucos para que seas el primero en ser escogido? Y ahora que no tendré que trabajar tantas horas en la oficina, podremos jugar todos los días. ¿Está bien? — Realmente Henrique estaba pensando en hacerlo, aunque no sabía mucho de fútbol, pues, ciertamente nunca había sido un deportista. —

3

Nicole salió del vestidor, estaba realmente hermosa, el cabello negro alaciado y sus ojos grandes muy bien delineados le hacían parecer una mujer que aparecería solo en televisión. El maquillaje no era excesivo pues, tampoco lo necesitaba, tenía la piel de porcelana que había heredado de su madre, lo cual le bajaba unos cuantos años. Era una madre cariñosa y muy amante de su hijo. Solía trabajar años atrás, antes de que Franky naciera, en una empresa de venta de computadoras. En aquellos días era justamente cuando toda la tecnología estaba teniendo un gran impacto; sin embargo, tras el nacimiento de su hijo, Nicole decidido abandonar su trabajo y dedicarse exclusivamente a criar a Franky, esto lo hizo únicamente por decisión propia, por lo que, aunque podría haber ganado mucho dinero, prefirió ver a su único hijo crecer y lo hacía felizmente. — Pero qué guapo estás, ven acá, príncipe. — Ella se puso de cuclillas, no le importaba arrugar un poco aquel hermoso vestido rojo que la hacía ver tan bien. Franky se acercó a sus brazos y ella pasó su mano entre su pelo, el cual tenía el mismo tono negro oscuro idéntico al de Henrique — Franky que hermoso estás, igual que tu padre. — Dijo mientras sonreía y veía a su esposo. Entonces tomó a su hijo de los hombros con ambos brazos estirados y lo vio a los ojos. Franky, por cierto, había heredado los ojos de su madre, un tono verde oscuro, con unos pequeños tonos de marrón, ella al ver esos ojos se veía a sí misma, una sensación indescriptible. —Franky, tengo que darte algo—dijo mientras buscaba en su bolso, revolvió y sacó una llave, era de la habitación 601 en la que se encontraban en ese momento. —Toma, toma esto, en caso que pasara algo, toma esta llave, por cualquier emergencia, conoces el letrero del hotel ¿verdad?... en caso de alguna emergencia vienes aquí y con esta llave abrirás la habitación, aquí será nuestro lugar de encuentro ¿entendido? — Franky asintió con la cabeza. — Bueno vamos, que llegaremos tarde.

— después de darle un beso a Franky se puso de pie y lo tomó por la mano. Ella no era una mujer muy alta, por lo que Franky solo debía levantar un poco su brazo. —

4

Llegaron a un hermoso restaurante; servían todo tipo de comida internacional, era el establecimiento gourmet más reconocido de CIUDAD 1. El año pasado ya habían estado en el lugar, así que sabían más o menos qué ordenar, Franky por su parte, siempre ordenaba lo mismo, una hamburguesa, sin importar dónde estaba. El lugar era al aire libre, y todo estaba ambientado armoniosamente; no intentaba ser un lugar extremadamente elegante ni pretencioso, y aunque mantenía una gran clase, al estar cerca de la playa y el mar, tenía un diseño un poco más relajado. Después de que ordenaron, Franky se levantó y fue a ver una pecera de gran tamaño cerca de la mesa en la que estaban, el vidrio a manera de recipiente, tenía dentro una luz que cambiaba de tonalidad intermitentemente, por lo que hacía que el paso de los peces fuera un espectáculo. Mientras sus padres se quedaron en la mesa.

— Cariño, me preocupa Franky, lo noto muy callado. — Dijo Henrique, mientras veía a su hijo observando la pecera.

— Lo sé Henrique, se siente solo, en la escuela aún no logra hacer amigos, parece que los niños mayores no lo aceptan, estuve pensando en tal vez hacer que lo bajen al grado que le corresponde, quizás así se podría acoplar un poco mejor. No sé si es bueno para él estar adelantado dos cursos. —

— Cariño, en realidad quería proponerte otra cosa, mira, estuve pensando y sé que te asusta todavía, pero creo que ahora que ya estás de tres meses, y no me malinterpretes, no es que se te note. — dijo con una pequeña risa. — Pero creo que es momento de darle las buenas noticias a Franky ¿no crees?, estoy seguro de que la noticia lo alegrará, me duele verlo deprimido, después de que tanto lo intentamos. Por fin estás embarazada, no veo por qué no alegrarle las vacaciones con esta hermosa noticia— Era verdad, habían intentado traer un hermano a Franky hasta el cansancio, en fines de semanas largos, o feriados, algún cumpleaños, siempre encontraban la manera de tomar una vacación exclusivamente entre los dos; siempre eran a hoteles o pueblos cercanos. Mientras, dejaban a su hijo con su abuela Delia, la madre de Nicole; ella era feliz de pasar tiempo con su nieto y Franky, aunque no era lo mismo que ir de vacaciones, estaba de acuerdo. Igualmente, el cuidado de una abuela casi siempre es parecido al de la madre.

Cuando iban a dejar de intentarlo, cuando Henrique no tenía expectativas y Nicole sólo realizaba la prueba rápida únicamente por rutina, aunque con un poco de esperanza, por fin, salió positivo.
— No lo sé, cariño, tengo miedo de que algo pueda pasar con el bebé e ilusionar a Franky sería algo que le haría aún peor, sabes que pasó la última vez — respondió Nicole, se refería a aquella vez que perdieron un embarazo a los pocos meses, un par de años atrás.
— Nicole, escúchame, no pasará nada, confía en mí, el bebé nacerá sano y salvo, tal como nos dijo la doctora, ¿recuerdas? — Cuando Franky volvió a la mesa, y después de comer la deliciosa comida del lugar, ambos le dijeron a su hijo que tendría un hermano. Franky estaba feliz y era algo que había esperado muchas veces: por fin un amigo, alguien con quien compartir y, sobre todo, jugar.

5

Estaban a pocas calles, por lo que llegaron rápido y caminando tranquilamente, disfrutando cada paso. Típicos gritos de feria abundaban en el lugar, era el primer día del evento, por lo que aún no estaba lleno; sin embargo, de todas formas, había mucha gente. Los disfraces eran muy variados, y la familia Warner se asomó a la tienda de máscaras para acoplarse a la feria, había muchas; sin embargo, Henrique y Nicole optaron por las más sencillas, tan solo unos antifaces. En cambio, Franky tomó una un poco más extravagante, de un superhéroe que estaba de moda y niños de su edad idolatraban.

El muelle de madera estaba muy bien decorado; tenía todo tipo de adornos y utensilios que harían que cualquiera que estuviese ahí pasase una experiencia única. Había muchos puestos de magia y otros para intentar derribar botellas vacías lanzando pelotas o disparando un rifle de balines. Tan sólo se debía estar disfrazado para estar en el lugar. Pasaban familias y personas de todo tipo, vestidos de superhéroes, de animales, de payasos, otros tenían cuernos y coronas, todos parecían pasarla muy bien.

Franky gustaba mucho de los carruseles, más aún el de aquel lugar, era una vista hermosa y este en especial estaba iluminado muy atractivamente y se movía como ningún otro, era tan popular que los niños hacían cola para entrar en aquel juego.

Era el turno de Franky y sin dudarlo se subió al compartimiento que tenía forma de una magnifica nave espacial, pronto el carrusel se llenó, todos los niños encontraron su propio "transporte" y la máquina empezó a moverse.

Franky veía a sus padres, quienes saludaban cada vez que lo veían pasar en el carrusel. La primera vuelta sus padres sonreían, su madre le mando un beso y su padre le enseñaba el pulgar en alto. La segunda vuelta sus padres seguían viéndolo con una sonrisa; sin embargo, algo parecía haber cambiado. Llegó la tercera vuelta, sus padres estaban un poco más serios y, todas las personas al alrededor, ahora tenían máscaras muy oscuras, algunas hasta sangrientas y bizarras. El horror fue aún peor cuando vio detrás de sus padres acercarse lo que parecía ser una sombra, era una silueta de un hombre, las luces parecían haber perdido mucha intensidad, y detrás de sus padres algo se aproximaba. El carrusel seguía moviéndose, y Franky intentaba bajar y, cuando dio la cuarta vuelta, Henrique y Nicole, ya no estaban.

Franky cayó de la supuesta nave espacial y el carrusel paró, bajó rápidamente de la máquina y empezó frenéticamente a buscar a sus padres, máscaras de diablos y demonios, cuernos y púas, sangre y heridas, otras que sólo se usarían en rituales satánicos o rituales de sangre, era lo único que Franky veía, su corazón aumentó sus latidos considerablemente y empezó a correr, quería salir como sea de aquella feria.

6

Por fin logró salir, necesitaba llegar al hotel, seguramente sus padres estarían ahí. Las calles habían perdido iluminación y, todo el ambiente festivo y de camaradería había desaparecido por completo. Se sentía el silencio y ahora no había risas ni tanta gente hablando y gritando como todo el tiempo que había estado ahí. De igual manera las calles parecían estar vacías. Afortunadamente, Franky llegó a una esquina que reconoció, pues, la había visto cerca al restaurant en el que estuvieron antes, desde ahí lograba ver el cartel del Bella Muerte.

Siguiendo aquel cartel iluminado, sólo le faltaban un par de calles para llegar; sin embargo, había sentido las últimas dos cuadras que alguien lo venía siguiendo, entonces, vio atrás y para su arrebato, era cierto, un anciano estaba caminando lentamente detrás de él. Tenía un bastón, el cual arrastraba, una capucha que cubría hasta las cejas y una barba que escondía su cara. Lo que más llamó la atención de Franky era la zona de los ojos, ya que, mientras uno de sus ojos se veía a lo lejos pues, brillaba, el otro parecía no estar ahí, creía que podría ser tuerto y por la distancia no podía llegar verlo o tal vez aquel ojo faltante era de vidrio y estaba oculto tras la capucha y la oscuridad de la noche. De todas formas, Franky empezó a correr. — Hey niño. — gritó el anciano con voz rasposa mientras intentaba apresurar el paso, cosa que no lograría ya que, si apenas podía caminar con un bastón aún menos podría correr o aligerar la marcha. Franky logró alejarse; sin embargo, el anciano aun a paso lento seguía caminando hacia él.

7

Abrió las puertas del hotel con fuerza, estaba esperando encontrarse al joven que acostumbraba estar en la recepción, lo recordaba por aquellos dientes chuecos que le hacían zetear al hablar. Precisaba decirle que un anciano tuerto lo estaba siguiendo con lo que él creía eran malas intenciones, quizás él podría llamar a la policía o ahuyentarlo. Para desilusión de Franky, el encargado no estaba. El televisor ubicado tras el mostrador, ponía una noticia de último momento, Sr. F había escapado. una imagen de una silueta con un signo de interrogación acompañaba la noticia, seguramente un criminal de la zona pensó Franky. Entonces tomó el elevador y marcó el piso 6, sabía cómo llegar a la habitación que había estado compartiendo con sus padres desde hace unos días. Cuando salió del ascensor, tenía la edad que actualmente poseía, 22 años, ahora medía 175 centímetros, de contextura delgada y fina, el pelo lo tenía un poco más recortado, pero persistía el negro penetrante y las ondas de un lado a otro, cada rasgo de su cara estaba aún más marcado y un poco de barba había empezado a crecer, de todas formas, el miedo y temor no se habían marchado. Caminó rápidamente por el pasillo del hotel hasta llegar a la habitación 601, para su sorpresa vio que la puerta estaba abierta, no completamente, es más, tan solo un pequeño resquicio; sin embargo, respiró un poco aliviado, pues, seguramente sus padres habían llegado y lo estaban esperando.

Abrió la puerta completamente, entró poco a poco, — ¿mamá?, ¿papá?,— preguntaba mientras caminaba. Llegó al lugar donde estaba el balcón y lo que vio fue algo tan horrífico e impactante que lo olvidó, o tal vez, prefirió olvidarlo.

2. Espantapájaros

1

Franky abrió los ojos y despertó sobresaltado, por un momento no podía moverse, sólo veía su habitación, en frente, un ropero con una puerta abierta donde, muchas prendas apiladas y enmarañadas esperaban ser recogidas. Ahí estaba, en casa de su abuela en CIUDAD 3, se había mudado a aquella ciudad después de que sus padres muriesen en un accidente automovilístico. Henrique y Nicole fueron declarados muertos el 6 de diciembre de 2003, en la autopista que conectaba la CIUDAD 1 con la CIUDAD 2. Aquella trágica noche, la familia Warner volvían de las vacaciones que tuvieron en una zona muy turística en CIUDAD 1, cuando un auto se salió de control y chocó con el sedán en el que estaban, la velocidad en la que se transitaba en aquella autopista, provocó que el choque fuese muy fuerte y prácticamente mortal, donde la peor parte claramente se la llevaron los Warner. En el asiento de atrás en un asiento infantil para autos estaba Franky, él sobrevivió debido a la rápida llegada de los paramédicos y la policía, quienes sacaron al niño antes que el auto explotara. Su abuela siempre le había dicho que en los registros policiales en CIUDAD 1, el sujeto del otro auto había pagado en prisión unos años y luego fue absuelto por buen comportamiento. Ella decía que de todas formas se había comprobado que el choque entre ambos autos fue ocasionado por ambas partes, teniendo responsabilidad ambos coches en el incidente. Algunos registros y noticias que él vio parecían decir lo mismo.

Franky echado en su cama, aún mantenía aquel sentimiento sombrío y profundo que le oprimía el pecho hasta el punto que tenía ganas de vomitar. Imágenes de aquella pesadilla que acababa de experimentar aún permanecían en su cabeza. Todo fue un sueño, pensó aliviado, de todas formas, era raro, pues, no solía tener sueños tan vívidos como el que acababa de degustar; cabe indicar que la degustación le había dejado un sabor amargo, lleno de melancolía y ansiedad. Ahora, había recobrado la memoria, aunque preferiría borrarla por completo.

Mientras, su abuela se asomaba a la puerta de la habitación, ella vaciló un momento, y luego entró.
— ¿Franky? — dijo. — Deberías levantarte, llegarás tarde a tus clases. — Delia, de 72 años, había acogido a Franky desde que muriese su hija y su yerno en 2003, tenía el mismo color castaño en el pelo y una voz muy similar a la de Nicole. Ella; sin embargo, expresaba en su rostro muchos días sin dormir y, horas incontables llorando, las cuales se habían acumulado y se reflejaban en sus arrugas y lento andar. — El desayuno está listo, así que te espero en la mesa. — añadió, mientras salía lentamente por la puerta y bajaba las gradas aferrada al agarrador.

2

Franky aún aturdido y un poco asustado, creía que todo lo vivido en su sueño, también había pasado realmente 15 años atrás, exceptuando claro, aquella vuelta en el carrusel y posterior escabroso desenlace que no recordaba. Sin embargo, la cena y el momento en el que habló con sus padres en la habitación 601, parecían haber sido más un recuerdo que una pesadilla. Aquel día del accidente, Franky recordaba que habían estado 4 días y 5 noches vacacionando en CIUDAD 1, se habían hospedado en el Hotel Bella Muerte y la habían pasado muy bien; sin embargo, había llegado el momento de volver a casa en CIUDAD 2. Lo curioso era que Franky solamente recordaba eso, pues, cuando partieron de CIUDAD 1 parecía que las memorias de Franky desaparecían a partir de ese momento. Por más que lo intentaba, y muchas veces lo hizo, no recordaba nada de aquel viaje de vuelta, como tampoco, el trágico accidente. La lucidez en sus memorias, volvía únicamente, cuando despertó en una habitación blanca de clínica con su abuela al lado, muchos moretones, tres costillas rotas y una desviación de tabique. Ya no importaba, al menos por ahora debía dejarlo en el cajón de las memorias olvidadas y seguir con su vida. No podía pasar su vida intentando recordar algo que parecía estar depositado en el fondo de su inconsciente.

3

Delia se esforzaba arduamente para conservar aquella antigua, pero hermosa casa en la que vivían con Franky. Ella amaba tanto a su hogar, como a su nieto, por lo que siempre estuvo protegiendo y ciudadano a ambos. Siempre se sintió obligada a esconder su dolor tras la muerte de su hija, claro, por el bien de Franky. Sabía que debía mantenerse fuerte si no ambos caerían, así que, evitó siempre mostrar el sufrimiento que realmente concebía. Ella asistía hace más de 10 años a una iglesia católica, en la cual, había hecho amistades con señoras que rondaban su edad. Todas tenían entre 50 y 80 años y, algunos días de la semana y especialmente por cumpleaños de alguna de ellas, se juntaban para tomar un té o café y, obviamente, hablar. Delia, también tenía una gran afinidad con el cura de aquella iglesia, el pastor Javier, un verdadero fanático religioso de unos 45 años, quien aparecía en la casa de vez en cuando sin aviso, traía sólo nuevas oraciones y pasajes de la biblia, los cuales, supuestamente Dios le había enviado para los integrantes de su congregación. De todas formas, era muy bien recibido por Delia, quien apreciaba todo tipo de visitas, más aún cuando Franky no estaba en casa, pues, no le gustaba estar mucho tiempo sola, ya que los recuerdos la invadían a cada lugar al que iba.

Ella pasaba los días velando por el bienestar de su nieto, claro que no era una acción puramente altruista, también una especie de terapia para Delia, pues, necesitaba algo que la mantuviese ocupada. Se aseguraba de que Franky tuviera una buena alimentación y no le faltase nada, en la medida de lo que ella le pudiese dar, claro. Igualmente, no estaban atravesando por problemas económicos, cobraban anualmente el seguro de los padres de Franky. Tampoco eran grandes sumas, pero les alcanzaba como para comer bien, pagar el cable y darse algún que otro gusto algún día del mes, como una cena de langosta o una buena pasta.

4

Franky abrió la puerta de la cocina donde su abuela lo estaba esperando, aún con 22 años proyectaba una imagen tímida y una mirada insegura y titubeante. El abuso que había sufrido en sus años de colegio, también se había propagado a sus años en la universidad estatal de CIUDAD 3, por lo que le costaba mucho hacer amigos. Poco a poco se fue transformando en un joven muy retraído. Siempre los patrones se van repitiendo, desde la escuela hasta el asilo, siempre existen los que abusan y los que son abusados.

Una vez ahí revolvió un poco los estantes y ayudó a Delia con los cubiertos y tazas.

— ¿Cómo amaneciste Franky? —dijo Delia poniendo el pan tostado en la mesa de la cocina—

— Bien abuela, ¿y tú? —

— Bien Franky, un poco preocupada, sabes que suelo despertarme en las madrugadas y después vuelvo a dormir, pero... estos últimos días vi tu luz encendida hasta muy tarde. Casi pasadas las tres de la mañana. —

— Sí, abuela, pero si quiero graduarme con excelencia debo hacerlo...—

— ¿Por qué? —

Tomó una rebanada de pan y le untó mantequilla de maní—hoy presentaré mi proyecto final en uno de mis cursos, estoy seguro que le gustará al profesor, pues, disfruté mucho haciéndolo. — Él estaba a medio año de obtener el bachillerato con grado en artes y diseño gráfico, era algo que había estado esperando con ansias y por lo que había trabajado arduamente. Lamentablemente estando aún en la universidad había estudiantes que parecían nunca haber madurado, continuaban siendo los mismos abusadores que eran en secundaria, únicamente que estaban en cuerpos de adolescentes adultos de casi 22 o 23 años, esto era lo único que complicaba los días de estudiante de Franky

—Bueno Franky, espero que ahora que terminarán las clases descanses mejor. —

— Sí, abuela, yo también lo quiero — Después de dar unos bocados al pan y tomar un poco de café, decidió por fin, preguntar a su abuela, aquello que había estado rondando su cabeza. — ¿Abuela, te puedo preguntar algo?

— Claro Franky, ¿Qué es? —

— Por casualidad, ¿Sabías si mi madre estaba embarazada en aquel viaje que hicimos a CIUDAD 1?, ya sabes, cuando ocurrió lo que ocurrió.

—¿Qué? Respondió exaltada Delia. Sin embargo, ella sabía que su hija estaba de tres meses en aquella fatídica vacación de la que nunca volvieron. —¿Por qué me lo preguntas? —

—Bueno, abuela, es que anoche tuve un sueño bastante raro, era más parecido a un recuerdo pues, fue muy vívido. — tomó un sorbo más de café. — De todas formas, mis padres me decían que tendría un hermanito con el que podría jugar y pasar el rato, luego paseamos un rato más por CIUDAD 1 y desaparecieron—

Delia veía la angustia en los ojos de su nieto mientras él hablaba, aparte que había heredado los ojos de su madre por lo que su abuela veía a su hija a través de ellos. El ver aquellos ojos tristes, realmente era algo que le dolía en el corazón, por eso mismo sabía que sería mejor no decirle que era verdad aquello que él había escuchado en su sueño, no tendría mucho sentido decírselo; tal vez podría hasta abrir la herida que todavía seguía cicatrizando.
— Pues, no, Franky… nunca me dijeron nada. —

Terminaron de desayunar y Franky ayudó a su abuela lavando los trastes y levantando la mesa, sabía que ella no tenía la movilidad ni energía que él poseía, por lo que ayudaba con lo que podía.

Se despidieron con un gran beso y Delia derramó un par de lágrimas a lo largo del día.

5

Franky salió de casa de su abuela, ya tenía los audífonos puestos y con música antigua, disfrutaba aquellas bandas de los setenta, como Led Zeppelin, Black Sabbath y Queen, creía que la música ahora había perdido total sentido y profundidad. Su vestimenta siempre era casi igual, solía estar con colores oscuros y apagados, pues, no buscaba llamar la atención. Su pelo hasta los pómulos, su figura delgada y las poleras anchas que usaba, lo hacían ver un poco desarreglado y hasta desganado.

Caminaba un tramo de más o menos cinco kilómetros hasta la parada de metros que solía tomar para llegar a la universidad. Era una caminata de siete u ocho minutos, usualmente aprovechaba ese tiempo para ordenar un poco sus pensamientos; sin embargo, esa mañana, no podía vedar de su cabeza las imágenes de sus padres, así como tampoco, la de aquel anciano que lo había seguido hasta el Bella Muerte.

Mientras caminaba, observaba a las personas disimuladamente, esto constantemente le traía el pensamiento de que jamás podría acomodarse a la vida que estas vivían. Siempre tuvo problemas con adaptarse, creía que pertenecía a otra época o mundo.

Una vez en el metro de CIUDAD 3, sacó la cámara fotográfica que había comprado el año pasado, una réflex que era perfecta para fotógrafos amateurs, y empezó a ver las fotos que había tomado el día anterior. Siempre tuvo inclinación por la fotografía, le encantaba la historia que cada imagen podía relatar por sí misma, sin palabras. La fotografía de la sombra de un señor entrando por un callejón, cuenta una historia para cada quien, así también, la imagen desde un gran puente hacia el vacío, también traería a cada persona un relato con ella. Franky exhibía muy poco sus imágenes y todo lo que sabía, lo había aprendido investigado por sí mismo; sin embargo, para él, esa forma de arte era más como un hobby, no lo hacía tanto para mostrarlo, sino porque realmente le entusiasmaba.

Esta pasión surgió cuando en sus años de escuela, teniendo 12 años, decidió emprender una aventura, o así él la consideraba. Tenía una curiosidad latente por las cosas de su abuelo; el cual había "pasado a mejor vida" dos años antes que Franky naciera, aquellas que él no había llegado a ver, pues, estaban almacenadas en el ático de la casa de Delia. Una noche, Franky espero que sean las 11 de la noche, hora que sabía que su abuela estaría durmiendo o muy cerca de estarlo; seguramente ya habría tomado su diazepam, el cual le fue recetado tras la muerte de su hija. Sacándose los zapatos para no hacer ruido decidió subir por la escalerilla plegable, que daba hacia el ático. Sentía miedo, pero al mismo tiempo, mucha curiosidad y adrenalina. Peldaño a peldaño avanzó y sacando la linterna a pilas que había encontrado en un cajón de la sala, se adentró en esa parte misteriosa e intransitada por él.

Una vez en el altillo, vio muchas cajas, fotografías, cuadros y baúles, antigüedades y muchos adornos; todo empolvado por el pasar de los años. En una de las cajas encontró lo que desde ese día cambiaría su vida. Buscando en las pertenencias de su abuelo, a quien había visto exclusivamente mediante fotos, encontró una cámara, era una antigua Polaroid del año 1996, de aquellas instantáneas que revelaba la foto "al momento", es decir, que la imprimía al ser capturada. Este aparato llamó mucho su atención y para su sorpresa aún funcionaba. Esa noche, Franky terminó durmiendo en el piso del ático; sin embargo, no logró cerrar los ojos sin antes, fotografiar cada una de las esquinas y contenido de las cajas que estaban ahí. El Flash de la cámara aún funcionaba, por lo que realizó varias tomas, todas diferentes, algunas lo mostraban a él, mientras otras tan sólo mostraban los cuadros, adornos, candelabros, o la misma ventana que estaban en el altillo de la casa.

Al día siguiente, tipo 6 de la mañana, su abuela lo encontró en el altillo, aunque evitaba subir por que la escalera era desplegable, ese día lo hizo. Las fotografías reveladas por la Polaroid se hallaban desparramadas alrededor de Franky, y suavemente se le acercó y lo despertó, todos los movimientos de Delia eran lentos y cautelosos.
— Franky vete a dormir…— dijo mientras ayudaba a incorporarse a su nieto. Franky bajó lentamente, entró en su habitación y durmió un par de horas más.

Delia se quedó ordenando un poco el desorden que había causado Franky, levantó todas las fotos y vio alguna de ellas, se sorprendió al ver la creatividad e inspiración con las que su nieto había capturado algunas imágenes. Las tomas de Franky eran muy sugestivas, entre ellas, había una foto del baúl de su abuelo, estaba entre abierto como misteriosamente invitando a ser explorado, otras, mostraban candelabros y los cuadros del altillo, todos organizados en distintas posiciones. Continúo pasando y llegó a una foto peculiar, era de la ventana del ático, una ventana redonda semiabierta con un marco de madera un poco desgastado por el paso del tiempo. Las ramas de un árbol cercano a la casa, se hacían paso a través de la pequeña abertura. Era una foto muy llamativa, la ventana de madera con forma circular, dando paso a los linajes de un árbol muy cercano a la casa, contrastaba de manera sutil e intrigante con la luz amarillenta que resplandecía del foco.

Cuando estaba por dejar las fotografías algo realmente llamó su atención, quedó un poco sorprendida y muy confundida, su cara mostraba una turbación muy profunda al ver aquella fotografía. Las paredes gastadas y polvorientas no era lo que la estaba perturbando, lo que realmente aterraba a Delia era el reflejo que hacía el vidrio de la ventana del ático. Se podía ver a Franky; sin embargo, detrás de él, y al ver detenidamente la foto, se veía una sombra, era claramente la silueta de una persona que estaba colgada a la espalda de Franky. Mientras veía más la foto, Delia se asustaba más y entraba en ella un sentimiento desesperante. Ese día cerró las puertas con llave y aseguró las ventanas, pensaba que alguien podía haber entrado en la casa; sin embargo, no podía evitar preguntarse el hecho de que, si alguien más hubiese estado con Franky en el altillo, él seguramente lo hubiese notado. Esa misma tarde; sin embargo, cuando Franky fue a la escuela, subió al altillo buscando una explicación a aquella sombra que se veía en la fotografía, buscaba algo que podría dar con la silueta que quedó grabada en la imagen que la desconcertaba. Se paró en la misma parte que vio parado a su nieto, vio atrás y a los lados para ver que podría haber producido el efecto visual que se veía en aquella foto; sin embargo, no pudo encontrar una explicación lógica. Únicamente creyó que podría haber sido un problema con la cámara o con la revelación de las fotografías, tal vez el movimiento al ser tomada la imagen o que se podría haber mezclado con otra toma. Esto nunca lo comentó con su nieto debido a que en ese tiempo él recién tenía 12 años. Guardó la fotografía en un cajón con doble fondo donde escondía dinero y un arma que le había dejado su difunto esposo.

6

Franky entró a su clase, había llegado evitando el contacto con la gente, e intentando pasar desapercibido. En especial quería evadir encontrarse con el par de estudiantes que solían hacerle "la vida imposible".

El curso era Lenguaje visual, el proyecto que debían realizar todo el fin de semana, y por el cual, Franky no durmió bien las últimas noches, consistía en, provocar un impacto emocional en el espectador, mediante algún tipo de arte o audiovisual. Justamente para realizar su proyecto, Franky estuvo toda una tarde tomando la fotografía perfecta que él   suponía podría provocar algo en aquellos que la verían.

Había utilizado su cámara Réflex, y la iluminación fue únicamente natural. La imagen exponía las escaleras de una de las entradas del metro de CIUDAD 3, mostraba los últimos rayos de sol que entraban por esas escaleras hasta cierto punto, de ahí la oscuridad comenzaba a tomar parte llenando de asombro la imagen. No se podía ver el final de las escaleras, por lo que Franky había llamado la fotografía, "Entrando en lo desconocido". La foto fue tomada un domingo a las 6:06 p.m., de esta manera no había gente en la fotografía y pudo captar los últimos rayos de sol ingresando por los escalones cuando casi todo lo demás estaba oscuro. La imagen maravilló al profesor y felicitó a Franky por su trabajo, no sólo porque no usó iluminación artificial, sino también por la perfecta ejecución y gran técnica que demostró. Logró el objetivo.

7

Estaba feliz de haber conseguido una perfecta calificación, había trabajado duro, y era grato recibir la recompensa. Pronto se graduaría y seguro su vida cambiaría.

— ¿De qué ríes perdedor? — Era Dan, se acercó y le revolvió el cabello con un empujón, era justamente a quien había estado intentando evitar; sin embargo, justo cuando estaba por salir de la Estatal, ahí estaba. Era unos centímetros más alto que Franky, y definitivamente más corpulento. Estaba junto a su amigo Nick, con el cual realizaban todo tipo de fechorías y burlas en la universidad. Ambos vestían muy parecido y llevaban un peinado muy bajo, similar al estilo militar.

Dan venía de una familia disfuncional y tenía un gran sentimiento de inferioridad que se lo habían inculcado sus dos hermanos mayores. Todo esto lo convertía en una persona que estaba constantemente a la defensiva, y, por ende, había desarrollado la conducta de "atacar antes de ser atacado". Seguramente, por su propia frustración, quería descargar esta rabia en personas que sabía que no podrían defenderse.

Franky no quería provocar a la bestia e intentó fingir que no había escuchado nada, por lo que bajó la cabeza y siguió caminando. Dan vio a su amigo con complicidad, les molestaba aún más que no les prestasen atención, entonces esperaron que Franky se les adelantase y, cuando se disponía a bajar las gradas hacia la salida en el piso inferior, se le abalanzó y lo empujó, provocando que caiga por las gradas y sus cosas con él, eran unas 10 gradas, fue una gran caída.

—No puedes ni bajar unas escaleras espantapájaros— dijo Dan en un tono burlesco. Le había apodado espantapájaros, por su cabello desordenado y poleras que parecían una talla por encima a la que necesitaba — Eres un desastre y un estorbo— siguió—

Ya te dije que no quería verte por aquí, la próxima será peor, te lo advierto— Nick veía todo con una sonrisa.

3. El bosque muerto

1

Era de noche, y el bosque estaba siendo oprimido por las tinieblas. Los árboles estaban en temporada otoñal, ramas secas que parecían estar por ceder indicaban que, pronto la poca vida que quedaba, irreversiblemente se marcharía.

Tenía la corazonada de que debía encontrar un refugio, el bosque estaba muy confuso y amenazante, así que, Franky empezó a adentrarse casi confiando que hallaría algo que pudiese protegerlo de la oscuridad inminente. Mientras atravesaba el moribundo lugar, los últimos rayos de sol iban desapareciendo hasta que no quedó ni uno, encendió, por ende, aquella linterna que estaba en uno de los compartimientos de su mochila y, siguió caminando. Para su sorpresa, advirtió a lo lejos, la luz que provenía de una diminuta ventana, era muy tenue y débil, pero mostraba alguna señal de que podría haber otra persona en ese lugar. Franky sintió un tipo de tranquilidad y paz, suponía que era posible que lo ayudaran, hasta tal vez, acogerlo mientras el bosque se deprimía en la noche. Apresuró considerablemente su paso, quería llegar lo antes posible a aquel lugar con el pequeño portal débilmente iluminado.

De pronto, sintió algo que pasó detrás suyo, el sonido del crujido de las plantas secas al ser pisadas lo hizo voltear inmediatamente, entonces detuvo la marcha y comenzó a ver a su alrededor. El bosque estaba cubierto por las sombras de la noche y la luz de la linterna de Franky, iba de un lado a otro rápidamente; estaba buscando desesperadamente aquello que lo había sorprendido. Inesperadamente, aunque no sabía si estaba viendo bien, detrás de uno de los árboles muertos, donde la luz de la linterna apenas llegaba, parecía estar alguien. Era una silueta entre las ramas; lo estaba mirando, o él así lo creía. Franky apuntó la interna directamente donde se suponía que estaría su observador; cada vez un sentimiento de vacío se apoderaba poco a poco de él. Entonces, mientras entrecerraba los ojos para decidir si lo que estaba viendo era real, sintió como algo lo tomó del tobillo derecho, no sabía lo que era, no obstante, el tremendo dolor, le indicaba que era algo similar a la mordedura de algún animal. Lo raro era que Franky creía que era más como si una mano lo hubiese tomado, tal vez una con garras, o dientes.

2

De pronto cayó un trueno, y fue el primero de muchos; a su vez, empezó a llover. Una lluvia negra caía entre los árboles, y la luz de los truenos iluminaban intermitentemente aquel bosque. Oscuras gotas caían, y Franky empezó a correr entre la tormenta que había tomado el control. Asustado, en medio de ese macabro lugar, veía atentamente, como patrullando a su alrededor; quería evitar tropezar con alguna rama o piedra. Franky, al mismo tiempo, podía escuchar la respiración de aquella criatura que lo venía siguiendo; era muy intensa y apresurada. Vio atrás y los árboles iban siendo quebrados por aquello que lo acechaba. Tendría que ser una bestia. —pensaba Franky. Aunque se esforzaba, no podía verlo bien, pero aquello no parecía humano. Vio un árbol con un letrero clavado en él. "Acceso restringido", decía. Entonces, mientras veía aquella señalización, resbaló; no había visto que el camino empezaba a ponerse empinado.

El bosque era como una gran olla; los alrededores superaban en altura al centro y, a medida que uno se iba aproximando al medio, la superficie era mucho más baja. Empezó a deslizarse a través de las gotas negras, esquivando ramas y grandes piedras, hasta que llegó al centro de aquel espeluznante lugar. Se levantó y vio que el aguacero se había detenido y la tormenta igualmente había cesado, por suerte su linterna seguía funcionando. Franky agitado, intentaba ver si su perseguidor seguía tras de él; sin embargo, ya no había ruido en aquel bosque, parecía como si todo hubiese "tomado un descanso". Caminando un par de metros, vio lo que estaba buscando, ahí estaba aquella cabaña que notó anteriormente, la luz tenue en la ventana había desaparecido, parecía que quien estaba dentro, había salido, estaba todo apagado. El bosque mantenía su iluminación, pero únicamente por la luna con tonos rojizos que lo cubría.

3

Era una cabaña de dos pisos, de todos modos, no era muy grande.

Estaba todo en penumbras, Franky le dio un par de palmadas a su linterna que poco a poco se estaba quedando sin baterías. Enseguida cerró la puerta y, con el fin de bloquear el paso a su atacante, puso una mesa que vio en la pequeña sala de aquella cabaña.

— ¡¿Hola?!— Gritó Franky — ¿Hay alguien? — Él había visto, anteriormente a que fuese perseguido, una luz tenue saliendo de la ventana de aquella cabaña; era de suponer que alguien vivía en el lugar. De todas formas, nadie respondió, como tampoco provenía sonido alguno de los dos pequeños cuartos de la planta baja.

Franky caminaba lentamente, todo permanecía en silencio. La pequeña choza tenía, en la parte de abajo, una sala con dos asientos, una diminuta cocina y las escaleras para acceder al segundo piso. Al final de las gradas se veía una puerta, la que Franky suponía, era la habitación principal. Entró en la cocina y tomó un arma blanca, necesitaba algo para defenderse en caso de que la bestia volviera. El cuchillo en el mango decía, "propiedad de Sr. F". Creía ya haber escuchado ese nombre.

Mientras salía de la cocina, de vuelta a la sala que daba a la entrada, volvió a caer un trueno, esta vez parecía haber impactado muy cerca del lugar donde se encontraba; supuso eso, debido al destello que iluminó por un momento la cabaña y el fuerte sonido. El resplandor dio con el interior del lugar, por segundos Franky vio de manera clara, que los muros habían sido garabateados con mucha agresividad, alguien había escrito en todas las paredes. Debido al corto tiempo de iluminación, Franky apenas pudo ver lo que decían algunas de las palabras grabadas, "Muerte" "Franky" "Dee", eran las que llegó a distinguir entre los miles de palabras escritas.

4

Un sonido se escuchaba desde afuera, como si de una fogata se tratase, el mismo murmullo que hace el fuego al arder. La cabaña, era iluminada exteriormente por un destello naranja que entraba desde el bosque muerto. Franky caminó lentamente hasta llegar a la ventana, quería ver qué era aquello que brillaba afuera, en el bosque. Se asomó y, con un ojo en el vidrio y el otro escondido en la pared, vio como un trueno había caído en un árbol cercano, la energía del rayo y la sequedad del tronco provocaron que el árbol ardiera. A un lado del fulgor, pero aún cerca, estaba aquella silueta que lo había estado siguiendo y que tanto lo perturbaba. Era el cuerpo de un hombre; sin embargo, estaba completamente cubierto de sombra, parecía ser sólo penumbra; el vacío del abismo. Al verla, Franky comenzó a sentirse mareado, aquello lo estaba viendo y él quedó estático mirando a aquella espeluznante criatura. Como si hubiese entrado en algún tipo de hipnosis, la sombra empezaba a acercarse lentamente a la cabaña, mientras Franky seguía en la ventana viendo cómo ésta se aproximaba. De pronto la puerta del segundo piso se abrió, el sonido que hizo la madera al desprenderse de las paredes, despertó a Franky del momento de trance en el que se encontraba. Vio la puerta y la luz que salía de ella, era su salvación. Empezaron entonces a tocar la puerta principal de la cabaña, era aquel espectro que quería entrar. Primero tocó tranquilamente, de manera muy sutil; sin embargo, Franky no se movía, lo último que le pasaba por la mente era abrirle a aquella sombra. El tranquilo tocar de la puerta de madera ahora era muy enérgico, la mesa que puso Franky en la puerta para que no se abriese empezaba a sacudirse. Franky se escondió tras uno de los sillones que estaban en la sala. Lo que fuese que estaba tras la madera, había logrado romper la puerta y ahora entraba lentamente a la cabaña.

Sólo se escuchaba la intensa respiración de aquella siniestra sombra, Franky escondido, veía de reojo aquello que iba entrando. La sombra se paró por un momento y vio a ambos costados, en el momento que se dio la vuelta hacia el lado opuesto al que Franky se encontraba, este vio las escaleras. Es mi momento— pensó. Entonces comenzó a correr hacia las gradas que daban a la puerta del segundo piso.

5

Estaba en el inicio de las escaleras que daban hacia la puerta iluminada que quería llegar, sabía que algo siniestro lo perseguía, esa sombra ya lo venía apremiando desde que estaba en las afueras del bosque, y aun ahora, que no podía reconocer que era, persistía.

En un principio la escalera parecía ser corta, no era una gran subida; sin embargo, a medida que Franky avanzaba a través de ella, parecía que los escalones se multiplicaban; la puerta al final de las escaleras, se iba alejando. De todas formas, sabía que no podía parar.

Aquella presencia que lo seguía, se acercaba cada vez más y más, Franky casi podía sentirla respirando en su espalda, sabía que estaba cerca. Cada uno de los peldaños notaba vejez y fragilidad; un paso en falso podría provocar que uno de ellos se rompa, lo que daría fin a su escape. Las escaleras estaban comprendidas entre una pared de madera y el agarrador, por fin había llegado a los últimos tres escalones y, quería acabar con la angustia. Estiró su brazo y tomó la perilla. En el momento en que se disponía a pasar la puerta a aquel lugar que él suponía que era seguro, dos manos lo tomaron, habían agarrado su pantalón por la parte del tobillo, justamente donde ya lo habían tomado en el bosque, evitando así que lograra ingresar a su salvación.

Aferrado de la manija para evitar ser arrastrado al fondo de aquel lúgubre lugar, sacudía su pierna izquierda e intentaba soltarse de aquellas rasposas manos que lo jalaban. Estando sujetado escuchaba su nombre ser mencionado por atrás, aquello lo llamaba suavemente, casi susurrando, repetía su nombre invitándolo a caer en las sombras; por un momento, Franky casi se suelta, satisfaciendo a aquella voz que lo convocaba.

Las manos lo tiraban, Franky se aferró evitando ser arrastrado al fondo oscuro y siniestro de aquella cabaña.

Entonces, desesperado y, meramente por instinto de supervivencia, sacudió sus piernas con mucha fuerza. En una de las patadas frenéticas que tiró, el pantalón de tela negra que tenía, cedió y se rompió. Las oscuras manos que no lo soltaban, cayeron bruscamente por las escalares y Franky logró desengancharse, despidiéndose de aquellas escaleras oscuras y entrando por la puerta llena de luz al final de ellas.

4. Sarah

1

—¡¡Está despertando!! — Gritaron.
— Muévanse, déjenlo respirar— Franky poco a poco reaccionaba del desmayo provocado después de ser empujado, escaleras abajo, por Dan. Dos mujeres estaban de cuclillas a su lado y, las personas de pie alrededor se iban dispersando para no agobiarlo. No pudo evitar ver que una de las mujeres que estaban agachadas era Sarah, una chica que estaba cursando la misma clase que Franky. Siempre había pensado que era una chica muy bonita e interesante; sin embargo, nunca tuvo el coraje de hablarle. Ella tenía un largo pelo castaño, usaba lentes y siempre tenía los labios rojos; era hermosa, a su manera. Era agradable y hacía que fuese muy fácil llevarse bien con ella, lo que cautivaba a cualquiera con el que hablaba. Sarah, para auxiliar a Franky, estaba agitando de arriba abajo un par de hojas, buscando así, emular el funcionamiento de un abanico. Ella había visto el desvanecimiento que sufrió al desplomarse por los escalones de la facultad y fue de las primeras en acercarse al ver que no despertaba.

Franky, todavía, sentía la respiración de aquella sombra que lo había apremiado en los escalones mientras se encontraba inconsciente. Había sido algo muy real lo sentido en aquella cabaña, recordaba el olor de las escaleras oscuras, el polvo que salía de cada peldaño que subía y, sorpresivamente, aún podía sentir las manos rasposas y ásperas que lo tomaron por el tobillo.

—Franky, ¿Estás bien? — Preguntó la mujer a lado de Sarah, era la profesora con la que Franky había pasado algunas clases, su nombre era Marian o Marion, no lo recordaba.

— Tuviste una fuerte Caída— Dijo Sarah. — Deberías ver donde pisas, pudo ser peor. —

Agregó, mientras detenía el agitar de aquellos papeles.

— Estoy bien, aunque me duele un poco la cabeza— dijo Franky mientras se sentaba y palpaba su cráneo buscando la hinchazón.

— ¿Quieres ir a ver a la enfermera? — preguntó la profesora

— No Srta. Marion— esperaba no haberse equivocado. —estaré bien. — quería poder decir lo mismo de sus cosas.

—Bueno, tengo una clase que dar, camina con más cuidado, esta vez tuviste suerte— dijo la Sra. Marion, se despidió de ambos estudiantes y, entró al aula en el cual dictaría su clase.

Franky se incorporó y guardando el lente roto de su cámara, vio a Sarah, la cual sacó de su bolso una botella de agua y se la dio. — Toma, con esto te sentirás mejor — dijo mientras se le pasaba.

— Gracias. — Franky tomó un sorbo de agua. — Eres Sarah, ¿no? —

— Si, perdón, pero… no recuerdo tu nombre— respondió ella.

— Soy Franky Warner, estamos cursando la clase de Lenguaje visual —

— Ah, si— respondió. —Somos muchos alumnos, no recuerdo a más de la mitad. — dijo Sarah. — pero ahora lo sé. — sonrió. — Bueno Franky, me tengo que ir, me alegro que estés bien, nos vemos. — antes de irse beso a Franky en la mejilla.

Podría ser la caída, pero Franky sintió su corazón latir velozmente, cosa que hizo que se quede un momento viendo a Sarah mientras ella caminaba lejos de él.

2

Aunque sabía la razón de su caída, prefería no decir nada, seguramente Dan y Nick tomarían represalias en su contra si lo hacía. Si bien no lo expresaba, ese constante abuso le molestaba mucho, esta vez, no sólo tuvo un gran golpe en la cabeza, sino también uno de los lentes de su cámara quedó completamente dañado.

Franky, sentía rencor contra el par de estudiantes que lo hostigaban y, algunos días soñaba con la muerte de ambos, incluso, alguna vez llegó a pensar en formas de descargar toda esa ira planificando maneras de deshacerse de ellos, algo así como, envenenarlos y no dejar pruebas del hecho, o, contratar a alguien que podría darles una paliza. Todas estas imágenes solo quedaban en su mente, ya que él sabía que no podría llegar a tales extremos, aunque idealizar aquel momento era algo que disfrutaba.

Franky amaba a su abuela y al recuerdo de sus padres; sin embargo, distintos escenarios en su vida, habían generado un resentimiento muy arraigado en él, creía que el mundo era un lugar cruel e injusto, por lo que deducía que también habría un Dios con las mismas características. En el tema religioso, Franky, siempre se consideró un ateo, la muerte de sus padres creía que no era algo que un Dios, quien supuestamente dice amar a su creación, haría. Poetizaba un mundo el cual fuera cortado por sus raíces y regenerado desde cero, donde las personas pensarían en los demás, donde no existirá miseria, donde la muerte no sería más que el paso a una nueva etapa de la existencia en sí, un nuevo mundo que apreciaría la vida y la muerte de la misma manera. El tabú del fallecimiento sería despedazado, proporcionando así un nuevo significado, morir es vivir.

Pensaba mucho en asesinos seriales, le sorprendía mucho como aquellos perniciosos personajes, podían superar cualquier sujeción y cometer tales actos violentos. Más aún, cómo era que podían ser incapaces de distinguir entre un hecho de buena fe, y un episodio grotesco.

Creía que, para llegar a un momento de tal frenesí, uno tendría que estar muy desequilibrado. Aquel momento en los que una persona desafía las leyes de la naturaleza e impone su propia voluntad desligada de toda conciencia, intolerante ante cualquier ley; aunque lo intentaba, no podría concebir una idea tan descabellada.

Es un gran mundo loco, pensaba Franky, solíamos amarnos los unos a los otros, solíamos amarnos a nosotros mismos. Vamos llegando al fin, admitía inquieto, viendo todo en perspectiva, siempre estaremos destinados al fin, en todo sentido, todo termina, para volver a nacer claro. Existe un pensamiento antiguo que propone que la muerte es el paso a una nueva dimensión, donde dependiendo de la sintonía que una persona está con el universo, se verá qué rol ocupa en el próximo mundo. Aseverando que, las personas que en esta vida como la conocemos, sintonizan con frecuencias bajas, irán a un plano inferior, donde las frecuencias serán bajas como él; en otras ideologías, este lugar sería una analogía al infierno. Asimismo, aquellos que subieron sus frecuencias en vida, después de muertos, pasarían a una dimensión superior donde la sintonía era alta, supuestamente un mejor lugar

Por su parte, antiguos intelectuales sostenían que el mantenerse en sintonía con "lo divino" no es fácil, pero tampoco imposible. Si bien existen aquellos que no podrán mantener una frecuencia alta, debido a la falta de conciencia sobre sus actos, siempre irreflexivos e incongruentes; claramente personas sin mucho en su interior. Existen otros que, si logran mantenerse completamente conscientes de uno mismo y el entorno que lo rodea, pueden llegar a conseguirlo. No obstante, aquello no se debe confundir con el hecho de intentar evitar cualquier manifestación de inconsciencia, aquello sí conlleva un riesgo, solo intentarlo puede llegar a traerles consecuencias devastadoras a largo plazo. Aunque no lo parezca, el momento inconsciente de las personas en sí, son pequeñas (a veces gigantescas), liberaciones de algún agente represivo que el individuo quiere y necesita expresar.

Uno no puede vivir constantemente callando momentos de inconsciencia, callando su interior, sin que esto busque una manera de revelarse. Es como intentar mantener encerrada al ave que está por nacer en su cascarón, el cual, aunque sea muy duro y resistente, lo que crece poco a poco en su interior, en algún punto encontrará la manera de hacerse paso y derrocar su exterior, esto siempre suele ser de manera súbita y nunca hay vuelta atrás.

3

Franky empezó a sentirse mareado mientras salía del lugar, estaba atravesando la entrada principal de la universidad, cuando decidió parar por un momento para evitar una segunda caída. Aun mareado, casi descompuesto, vio al frente de la calle, una persona que le llamó mucho la atención, aunque la veía de perfil, había algo en él que lo reclamaba, sentía que conocía a ese sujeto de hace mucho tiempo. Era un hombre de unos 55 años, había perdido mucho cabello seguramente por estrés, era de estatura media y tenía el traje de una empresa que Franky no podía llegar a distinguir. Estaba caminando en la vereda de enfrente, parecía estar apurado.

Aunque Franky estaba seguro de que lo conocía, no recordaba de dónde. Esta situación se podría comparar con el momento en el que una persona se encuentra con otra, pero por más que lo intente, no puede recordar su nombre ni de dónde la conoce; sin embargo, si la recuerda. Entonces Franky, aunque pensó por un momento en seguirlo, recordó que estaba atrasado para tomar el metro 420; siempre tomaba el mismo para retornar a casa de su abuela. De todos modos, antes de dejarlo ir, le tomó una fotografía.

4

Caminando hacia su destino, vio a Sarah, estaba caminando unos metros delante. Le resultaba bastante extraño pues, casi todos los días él recorría el trayecto desde la universidad al metro 420 de CIUDAD 3 a pie, y, nunca la había visto. Ella vestía un suéter amarillo que resaltaba, su menuda y delgada figura, daba la impresión de que la juventud perduraría en ella a través de los años. Lo que realmente llamaba la atención de Franky era lo diferente que era respecto a las demás chicas de su edad. No intentaba mostrar sus curvas y tampoco, parecía estar inmersa en el mundo de exhibición en el que la mayoría de los jóvenes está hoy en día. Cada vez se sentía más atraído a ella mientras caminaba a sus espaldas, claramente no tenía ninguna intención depravada, solo sentía curiosidad. A su vez intentaba mantener la distancia y camuflarse entre las personas, de esta manera Sarah no podría sospechar que tenía un seguidor.

Llegando a la calle Santa Cruz, se asombró al ver que Sarah entraba en el Metro 420, el mismo que él debía tomar para llegar a su destino. Esperó entonces que entrasen un par de personas después de ella, y entró.

Pasaba de vagón en vagón a pesar de que ninguno estaba lleno, ya que no era una hora en la cual el metro se encontraba muy concurrido. Aunque Franky apenas conocía a Sarah, la idealizaba, y pensaba que así era. Llegando al último vagón, Franky estaba atrás intentando evitar ser descubierto, y entrando a la puerta de metal y vidrio, fue sorprendido por Sarah que lo estaba esperando escondida en el último vagón.

— Hey! — Dijo Sarah sorprendiendo a Franky, parecía ser una broma pues, sonreía, de todas formas, Franky se asustó y quiso pretender que no reconoció a Sarah; sin embargo, ella se puso en frente suyo, evitando cualquier excusa que le evitaría la incómoda situación en la que se había metido.

La oveja negra

— Franky... —¿Me estás siguiendo? — Preguntó.
— Sarah. — Tomó una pequeña pausa; no quería parecer como un pervertido, aunque ella en realidad no creía que lo fuese. Sabía que Franky era indefenso. —Escucha, tomo este metro siempre para llegar a mi casa y me pareció raro verte pues, nunca antes te había visto por aquí. — Estaba un poco nervioso, pero intentaba disimularlo. —Entonces pensé en agradecerte por lo de esta tarde, ya sabes, por lo que pasó en las gradas, no logré hacerlo. —Respondió Franky. — Y... bueno, gracias. —
— De nada Franky. — Sarah sonría mientras hablaba. — ¿Te sientes mejor? —
— Si fue un golpe, nada más. Lamento, si te asusté, no era mi intención. Bueno, espero verte en la universidad. Nos vemos. — Franky se dio la vuelta y empezó a salir del vagón.
—Franky, espera— Dijo Sarah, — Cuando me dijiste tu nombre, recordé que presentaste un muy buen proyecto para la clase de lenguaje visual, sinceramente me quedé impresionada con la fotografía que mostraste. — tomó aire y siguió. — Mira, a mí también me gusta mucho la fotografía. Ahora estoy camino a casa de mis tíos, supongo que podemos mostrarnos un par de fotografías, así nos distraemos un poco. ¿Qué te parece? —
—Claro— Respondió Franky apresuradamente.
Se sentaron lado a lado; enfrente, una pareja de ancianos parecía ser jóvenes, estaban felices de estar el uno con el otro, como si fuera un romance de escuela.
— Estuve estudiando por mi parte — dijo Sarah mientras sacaba una cámara fotográfica de su cartera de cuero. — mientras investigaba algunas técnicas, me di cuenta de que a veces estudiar por cuenta propia puede ser muy interesante, realmente puedes enfocarte en la información y los temas que realmente te gustan, no debes seguir ninguna estructura, es algo mucho más abierto. —

Sarah entonces empezó a mostrarle sus fotos a Franky,
— Siempre me gustaron mucho los retratos, siempre busqué

indagar en los rostros que fotografiaba y así ver las emociones en sus expresiones. — continuó Sarah. — Mediante el rostro humano se pueden comunicar muchas cosas, no sólo emociones, sino también pensamientos, experiencias, hasta arrepentimientos. —

Pasaba foto tras foto y Franky miraba con atención. La mayoría de las fotos capturadas por la cámara de Sarah, que era muy parecida a la que poseía Franky, reflejaban rostros de personas de todas edades, razas y género.

Sarah se detuvo en una foto la cual se veía un niño con el cabello rubio rizado. Tenía unos ojos azules intensos, mediante los cuales se veía el vasto mar y, una sonrisa a medias mostrando la dentadura superior.

— Esta foto la tomé el verano pasado cuando fui a visitar a la familia de mi padre, este niño que ves era un amigo de mi sobrino, él transmitía mucha paz y dulzura. Y mira, si ves la foto atentamente, podrás ver cómo el rostro en la fotografía, expresa el alma del niño, es como si su interior se vería reflejado en su rostro de manera inconfundible, y al ser fotografiada quedó impreso ese momento, esa emoción, ese sentimiento. — dijo Sarah mostrando la fotografía del niño a Franky, era una chica con mucha intensidad.

Siguió pasando las fotografías cuando volvió a parar, dejó de respirar un momento y suspiró. — Esta foto se la tomé a mi abuela justo después de decirle que la amaba, ella estaba ciega por la vejez y cuando se lo dije se notaba desesperadamente las ganas que tenía de poder verme una última vez antes de irse, pero, también, se veía en ella una sonrisa sincera por escuchar que la amaba. —

Franky vio la fotografía y vio a la anciana sonriendo con los ojos perdidos, pudo ver justamente lo que ella le relataba, veía claramente el sentimiento de la anciana. Después de ver las fotos de Sarah, tomó su cámara y empezó a fotografiar, disimuladamente, a la pareja de ancianos que estaban sentados muy afectuosamente frente a ellos.

Sarah mientras lo veía, creía que Franky era un buen muchacho y pensaba que era un buen fotógrafo; sin embargo, no lo veía como una persona para tener una relación, sino más bien como un amigo, un raro amigo.

El recorrido del metro estaba llegando a su fin, la habían pasado bien el uno con el otro; sin embargo, ambos veían a la otra persona de manera distinta.

Franky seguía fotografiando a la pareja de ancianos y, logró capturar una foto que ambos disfrutaron mucho. La toma mostraba las manos de la pareja de ancianos tomadas, ambos estaban viendo en direcciones opuestas, pero sus manos mantenían el fuerte lazo entre ellos. La foto le gustó tanto a Sarah que le pidió a Franky que se la mandara por correo cuando llegase a su casa.
Le comentó también que era el cumpleaños de su tía y, por ello, había tomado el metro 420, no acostumbraba hacerlo, pues, vivía no muy lejos de donde quedaba la universidad de CIUDAD 3. Esto le daba a entender a Franky que el viaje que tuvieron muy difícilmente se volvería a repetir.

5

Llegaron a la parada en la que Sarah debía bajar, ella guardó sus cosas y se paró.
— La pasé muy bien Franky, espero verte pronto—dijo.
— Yo también, — respondió.
Sarah se inclinó y le dio un beso en la mejilla, colgó su bolso y salió del vagón, en ese momento, no la perdió de vista mientras salía del metro. Justo antes de que desaparezca, Franky tomando su cámara fotográfica, la capturó de espaldas subiendo las escaleras mecánicas que conducían a la salida.

El color intenso de su suéter, la distinguía de todas las personas en la estación. La fotografía que logró capturar, justamente mostraba eso, Sarah brillado en medio de los demás, el amarillo en su vestimenta, y su forma de ser, no permitía que ella pasase desapercibida.

En la imagen había muchas personas a su alrededor, pero ella resaltaba.

Franky vio la imagen con una sonrisa, guardó sus cosas, se puso sus audífonos y continuó con lo que le faltaba del trayecto para llegar a su casa. Se sentía Feliz, había conocido a alguien después de mucho tiempo, era emocionante haberla pasado tan bien.

6

Franky llegó a casa de su abuela, eran casi las seis de la tarde, el olor a comida recalentada y algún tipo de cítrico invadía su olfato, entró en la cocina y su abuela tenía lista la cena. Ambos cenaron como siempre, Delia, su abuela, le contaba viejos recuerdos, la mayoría repetidos, o algún tipo de novedad que vio en el noticiero. Aunque las historias no siempre eran entretenidas, Franky las escuchaba pues, sabía qué hacía feliz a su abuela. Él, por su parte, le contó que había conocido a una chica de su universidad en el metro, a la que le gustaba igualmente la fotografía, y que se habían llevado bien. Delia se alegró por su nieto ya que él siempre fue una persona solitaria. Terminaron la cena y se dispusieron a subir al segundo piso para acostarse. Franky dio el primer paso a los escalones y sintió un tirón en su tobillo derecho, en el mismo lugar donde había sido tomado por aquellas garras. en el momento no dijo nada, solo dio un pequeño salto y paró por un momento.

— ¿Estás bien, Franky? — preguntó la abuela.

— Sí, abuela, un pequeño calambre. —

— Bueno Franky, estoy cansada me iré a dormir, Hasta mañana, Dios te bendiga. — Siempre he seguido las tradiciones católicas.

Ya en su habitación, Franky dejó sus cosas y puso el tobillo sobre la cama, levantó su pantalón, pensaba ver alguna marca o herida, pero, notó que no tenía nada, sólo había sido un pequeño dolor, una coincidencia. Suspiró aliviado y, en ese momento descargó en su computadora, las fotografías que había tomado. Entró en su correo electrónico y envió el archivo que había quedado en remitir a Sarah. El mensaje fue recibido y visto casi inmediatamente, Franky podía ver el mensaje en el computador que decía, "Sarah está escribiendo". Entonces, llegó un mensaje, era de ella. Invitaba a Franky a acompañarla a una pequeña fiesta que tenía el día de mañana, viernes, Decía que sería a las 9 p.m. en el departamento de unos de sus amigos. Franky no había ido nunca a una fiesta, al menos no intencionalmente, tal vez no sabría cómo comportarse; sin embargo, no quería desaprovechar la posibilidad de pasar tiempo con Sarah, así que, aceptó de inmediato.

Ella agradeció por la foto y se despidió, el mensaje de "Sarah está desconectada" apareció en la pantalla.

Franky se sentía emocionado y ansioso al mismo tiempo. Veía las fotos que había tomado en el día, no eran muchas, la foto de esa persona enigmática que vio saliendo de su universidad estaba borrosa. Que mierda. — pensó Franky, realmente quería verlo de nuevo, quizás recordaría quién era. Llegó después a la foto que había tomado a Sarah, era una fotografía con un valor especial para él, esa foto inmortalizaba aquel momento que pasaron. Dejo el computador y se acostó a dormir.

En la computadora quedó aquella imagen, el suéter amarillo resaltaba, pero algo muy extraño, algo que Franky no había notado, quedo reflejado en la pantalla. Había una persona entre la multitud que estaba intentando agarrar a Sarah del hombro, no se veía bien a la persona, sólo su silueta.

5. Puerta Roja

1

Durante casi 22 años había evitado las fiestas, de todas formas, ahora estaba en una. Esperaba pacientemente a Sarah, ella le había dicho que iría al baño y que cuando saliese, se irían. Obviamente, estaba feliz de poder acompañarla a su casa y, esperaría lo que fuese necesario. Apoyado en el pequeño bar, donde todas las bebidas alcohólicas se habían acomodado, a modo que la gente solo pasase a "recargarse", intentaba deducir cuál podría ser la puerta del baño. No tomaba; sin embargo, tenía una bebida de vodka en la mano. El lugar era muy moderno, estaban en el segundo piso de una gran casa. El que viviese ahí seguramente tendría muchos ceros en su cuenta— pensó Franky, Sarah le había dicho que irían donde uno de sus amigos, así que seguro el propietario sería una de las 40 almas que estaban presentes. Veía muchas personas que él conocía de vista o de alguna clase que había tomado, pero no hablaba con nadie, solo observaba. Algunos jugaban a meter bolas de ping-pong en vasos distribuidos sobre una mesa de manera que complicaba al lanzador, era como un juego para alcoholizarse rápidamente. Otros bailaban y conversaban en el lugar que se dispuso como pista de baile, habían movido muebles y muchas cosas de la casa para poder ocupar mejor el lugar. En el otro lado de la espaciosa sala, alejados de los demás, estaban los que consumían algún tipo de estupefaciente, especialmente marihuana, solían estar en su grupo y no meterse, ni socializar con nadie. Franky, por su parte, esperaba con ansias a Sarah, pensaba que tal vez podrían tener un momento cuando la llevase a casa de sus padres.

2

— ¿Franky? ¿Tú eres Franky? — preguntó un joven con anteojos, tenía la camisa dentro del pantalón, y aunque era de estatura baja, se mantenía muy erguido.
— Si— respondió Franky.
— Soy Alex, amigo de Sarah, me parece raro que sigas aquí Franky. —
— ¿Por qué lo dices? — preguntó frunciendo el ceño. Nunca antes había visto a Alex; sin embargo, parecía ser una persona amistosa.
— Pues, Sarah se acaba de ir, me había dicho que la llevarías a casa, pero aún estás aquí — dijo el joven riendo. Franky sintió un frío en la espalda.
— Es imposible, pues, es verdad, la llevaré a casa, pero aún está en el baño, apenas salga nos iremos.
— Bueno, pues, me parece que se fue con alguien más, amigo; la vi saliendo con un tipo, pensé que eras tú, es más hasta era parecido a ti. — Alex.

Entró una duda en Franky ¿por qué este sujeto estaría diciendo que Sarah se había ido? Había estado esperando mucho tiempo que salga del baño, pero no creía que podría irse sin él.

Seguramente Alex quiere que me vaya para quedarse con ella. — Pensaba.
— ¿Sabes dónde está el   baño? —Iré a ver si sigue ahí— preguntó Franky con desconfianza.
— Es la puerta roja al final de la sala. — Dijo Alex mientras apuntaba en dirección de la puerta que indicaba. —Pero Franky… te advierto que no deberías entrar ahí. —

Franky vio hacia la dirección donde quedaba el baño, tomó un sorbo de aquel vaso que tenía y como apartando a Alex del lugar, empezó a caminar hacia donde se suponía que estaría Sarah

— No deberías ir ahí…—Dijo Alex tomando a Franky del brazo, se le borró la sonrisa y parecía que estaba siendo serio al respecto.

— ¿Por qué? ¿Qué pasa? — preguntó Franky.

— Franky, a veces la persona que estamos buscando no está en frente nuestro, sino detrás.

— Hizo una pausa, tomó un poco de lo que tenía servido en el vaso y siguió —Sólo ve a casa y sigue con tus cosas. —Agregó.

Franky se soltó de la mano de Alex sacudiéndose, no entendía bien lo que éste le había querido decir, creía que seguramente estaría borracho, de todos modos, tampoco le importaba mucho; sólo quería saber si era verdad que Sarah se había ido con otra persona. Pasó en medio de la gente y vio la puerta roja, parecía ser el baño, el color sobresalía, era un tono fuerte. Tocó la puerta preguntando por Sarah, pero nadie respondía; la música y las personas hablando, hacía imposible que alguien pueda escuchar algo del otro lado. Intentó de nuevo, esperó unos segundos, pero nadie abría ni respondía. Decidió entonces entrar por sí solo. Lo que vio, para su sorpresa, era tan solo una chica y un chico, estaban inhalando cocaína y ninguno de ellos era Sarah.

— Hey! ¿Qué haces aquí imbécil? — preguntó el hombre. Se lo notaba nervioso y agresivo.

— Perdón…. Me equivoqué. — Respondió Franky mientras salía y cerraba la puerta. Tenía un nudo en la garganta, un muy mal sentimiento.

¿Se había ido Sarah con otra persona? ¿Sería capaz de hacerlo? — se preguntaba.

3

Bajó por las escaleras al piso principal, empezaba a sentirse mareado, se dirigió a la entrada y salió de la casa. Apoyó ambos brazos en sus rodillas por un momento y tomó un gran suspiro, sentía que se sofocaba. Levantó la mirada y, dando vuelta la esquina, vio a dos personas, una de ellas parecía ser Sarah, tenía que serlo pues llevaba uno de los suéteres que acostumbraba. Estaban dando vuelta y sólo los vio por un momento. No se sentía bien, dio otra bocanada de aire y siguió la calle a la cual habían entrado esas dos personas. Creía que no sería capaz de correr, estaba mareado y tambaleando, así que caminaba.

Por un vaso de vodka no creo que pueda estar así de borracho. — pensaba

Se escuchaban voces de un hombre y una mujer, la voz femenina era muy parecida al tono de Sarah, estaba seguro de haber escuchado aquella delicada risa antes. Llegó por fin a la esquina y sólo vio la sombra de las dos personas reflejada en un muro de enfrente, estaban entrando en un callejón. Ambos reían, parecían estar pasándola bien. Franky apresuró el paso, sólo pensaba en comprobar si aquella chica, que se alejaba con un sujeto, era Sarah

Llegó al callejón y vio que ambos se dirigían a un auto que estaba estacionado y entraban en él, Franky siguió hasta llegar a aquel coche que aún no había partido. El mareo y jaqueca persistían. Se asomó a la ventana del pasajero donde había visto entrar a la chica y le dio un par de golpes con el dedo, entrecerraba los ojos para ver si era Sarah dentro del auto. Entonces la ventana del pasajero se abrió.

— ¿Pasa algo amigo? — preguntó la mujer, no era Sarah y era unos diez años mayor a ella y parecía estar drogada o borracha pues, continuaba sonriendo. — Vaya, pareciera que no comiste ni dormiste nada en una semana amigo. — Dijo mientras se reía con el sujeto con el que estaba.

Franky se dio la vuelta sin responder mientras el auto partía, solamente pensaba en Sarah, y no quería creer que era verdad lo que le había dicho Alex.

— ¡¡¡Loco!!! Gritaron desde el auto al tiempo que se retiraban del lugar y reían.

4

No entendía que podría estar pasando, pero algo le decía que vuelva a la casa donde estaba la fiesta. Tal vez Sarah no se había ido y lo estaba buscando, tal vez Alex le había mentido buscando que se fuese para quedar a solas con ella, prefería ir a dar una vuelta más, antes de permitir eso. Al menos quería averiguarlo. Empezó a volver por el camino que había transitado, llegando así, a la esquina donde estaba la casa en la que habían estado. Vio que, en la puerta principal, se habían juntado muchas personas en la entrada, era como si la fiesta hubiese terminado y todos estarían saliendo. La música había sido apagada y, las sonrisas y espíritu festivo en los jóvenes, se habían extinto. Se acercó un poco más y viendo atentamente, quedó sorprendido al ver que había una patrulla de policía en la puerta de la casa. ¿Qué habrá pasado? — se preguntaba. La gente hablando bajo y discutiendo, indicaba que algo había ocurrido, algo malo.

5

Estaba parado a unos metros de la casa, veía a todos los chicos y chicas que estaban anteriormente en la fiesta; sin embargo, aunque realmente lo intentaba, no veía a Sarah. La policía intentaba calmar a los jóvenes quienes parecían estar asustados por algo.

Vio al segundo piso, donde habían estado bailando y bebiendo. Parecía estar vacío, pero en una de las ventanas vio a Sarah quien, se dio la vuelta inmediatamente y empezó a alejarse de la ventana.

Estaba casi seguro que era ella, tenía los lentes y aquel cabello castaño que no confundiría. ¿Por qué Sarah estaba ahí, si la fiesta ya había acabado? — Se preguntaba. No tenía mucho sentido, además, el hecho que todos parecían estar preocupados y la policía había llegado, le hacía creer a Franky que algo podría haber ocurrido. Sabía que podía entrar en la casa por la puerta de atrás, ya que, pasar por medio de toda la gente que estaba en la puerta principal sería muy complicado. A medida que iba acercándose, todavía intentaba ver si alguna de las muchas personas que estaban por ahí era Sarah. Pasó una pareja por su lado y mientras la chica susurraba algo al oído de su acompañante, ambos miraban a Franky con una mirada extraña, tal vez sabían algo que él no . De todas formas, intentando pasar desapercibido, Franky logró llegar a la parte de atrás de la casa. Había una piscina y dos personas en ella a quienes parecía no importarles lo que estaba sucediendo, pero no se dieron cuenta de que alguien estaba entrando, abrió la puerta de vidrio corredizo y entró en la casa. Todo estaba en silencio. Subió las gradas y llegó al lugar donde estaban todos anteriormente, aún quedaban botellas a la mitad, cenizas por todo el lugar, y un olor a sudor y perfume de mujer, que quedaría impregnado al menos unas horas más. Tan sólo un sujeto que al parecer había tomado unas copas de más, estaba tumbado en uno de los sofás que había en la sala. El borracho tenía un aspecto deplorable, la ropa la tenía sucia y entrecerraba los ojos, intentando ver quien acababa de entrar.

—Eres tú…— Afirmó el alcoholizado, mientras se esforzaba para ver bien, tenía una voz profunda y rasposa.

— ¿Perdón? — preguntó Franky

— Eres tú al que buscan —- dijo el borracho balbuceando y tartamudeando. — Tienes que irte, yo se la verdad, vete ahora antes que sea muy tarde. — Agregó.

—Mira, estoy buscando a Sarah… ¿Sabes dónde está? —

—Vete Franky… ah…ahora— apenas podía hablar.

—Espera. ¿Cómo sabes mi nombre? — preguntó Franky al borracho, nunca lo había visto en su vida.

—No es importante... solo vete. — Entonces el sujeto se durmió, realmente estaba intoxicado con alcohol. Tenía la cara de una persona que estaba a punto de sufrir un coma etílico. Un poco confundido por lo que el beodo le había dicho, se dirigió al final de la sala, ahí donde estaba aquella puerta roja del baño, el tono intenso en la madera le llamaba mucho la atención.

En el primer piso, dos policías entraban por la puerta, parecían estar buscando a alguien. Revisaban cada habitación apuntando con el arma que llevaban, pronto subieron al segundo piso y llegaron a aquella gran sala y vieron a Franky parado a medio metro de aquella puerta del baño.

— ¡Usted! ¡¡Arriba las manos, es la policía!!— Gritó uno de los oficiales apuntando la pistola a Franky.

— Tranquilo oficial, sólo estoy buscando a mi amiga para irnos de este lugar. —

— ¡Arriba las manos, no lo volveré a repetir! — Uno de los policías sacó los grilletes de su cinturón mientras hablaba.

Franky no entendía por qué querían arrestarlo, pero las palabras de aquel borracho ahora resonaban en su cabeza. Entonces empezó a retroceder hasta que quedó de espaldas con aquella puerta roja.

— ¡Deténgase, no puede entrar ahí, es una orden! — El policía sacó el seguro al arma, parecía que dispararía.

Franky, asustado sin entender lo que pasaba, se apoyó en la puerta roja y esta se abrió (al parecer no estaba completamente cerrada).

6

Evitando caer, cerró apresuradamente la puerta tras de él, dejando a los policías afuera. Aún tenía la imagen del arma que lo apuntaba. Estaba seguro que el oficial tenía la intención de disparar, por lo que, por el susto, se apoyó en la puerta después de asegurarla.

— Abra la puerta!!— decían los policías— ¡¡Abra o la abriremos nosotros!! — golpes secos se escuchaban del otro lado, se estaban abalanzando contra la puerta.

La luz estaba apagada, y cuando intentó encenderla, se dio cuenta de que no servía. De todas formas, un faro de iluminación en la calle estaba muy cerca de la ventana del baño, por lo que se podía ver, al menos lo necesario.

Afuera, seguían gritando y golpeando la puerta para abrirla, Franky pensaba mil cosas en su cabeza, no entendía la agresividad de los policías contra él, como tampoco el hecho que estén intentando arrestarlo, menos aún el que lo hayan apuntado y casi disparado. El baño era largo y al final había una ducha, esta tenía puesta una cortina plegable blanca y, a pesar de que cubría la visión (aparte de que la luz no encendía), se lograba observar que un líquido oscuro estaba chorreando desde la bañera hacia el piso. La policía había roto una de las bisagras de la puerta; estaban muy cerca de entrar. Entonces Franky llegó hasta la cortina y la abrió violentamente. Estaba el cuerpo muerto de Sarah, había sido apuñalada muchas veces, era mucha sangre y tenía los ojos completamente blancos. Franky retrocedió por el impacto de lo que acababa de ver y palideció por un momento.

Le entró la idea de que la policía pensaría que él era el responsable de aquel cuerpo en el baño. Ahora los oficiales habían logrado sacar de lugar otra de las bisagras, quedaba solo una, estaban por abrir la puerta. Empezó entonces, a escuchar su nombre ser vociferado, casi susurrado, repetidas veces. El mareo que había sentido hace unos momentos volvió y tambaleaba por el baño, solo pensaba en vomitar. Evitando caer, se apoyó en el marco de la ventana, la cual daba a la calle. Al encontrarse en el segundo piso, advertía abajo como aún había gente en los alrededores del lugar. Las voces subían de nivel en su cabeza, y vio, al frente de la casa, una persona escondida en las sombras, parecía estar viéndolo todo.

Aquella silueta oscura, que se escondía tras los árboles, seguramente sería el culpable del cuerpo sin vida de Sarah. — pensó Franky

Estático, escuchando las voces y viendo aquella persona escondida entre los arbustos que, ahora igualmente parecía estar viéndolo, entró en trance, tal cual como lo hizo en aquella cabaña. En ese momento, la policía logró romper la puerta.

6. ¿La Fiesta?

1

Era de día y Franky se alistó rápido, no tenía ganas de desayunar ni de conversar. Tomó sus cosas y, en silencio y sin despedirse, salió de casa de su abuela. Sentía aún, que la pesadilla era real, los ojos blancos de Sarah y la silueta en la sombra, invadían sus pensamientos. Una pesadilla que se mantenía en su cabeza, suponía seguramente ya se le pasaría. ¿Quién no despertó con la pierna izquierda debido a un mal sueño? Tampoco era la primera vez que le ocurría. No es el día para sentirse bajoneado, Franky—se dijo a sí mismo. Tenía que salir con Sarah por lo que procuraba emocionarse, no podía estar deprimido, pero sus grandes ojeras lo delataban. Algo en él, no le permitía sentirse tranquilo, era como si alguien hubiese entrado en su cabeza y jugado con todo lo que había ahí. Igualmente pensaba en aquella puerta roja que vio cuando dormía, había sido advertido dos veces que no entrase, de todos modos, lo hizo. Sorprendentemente recordaba el sueño muy lúcidamente, no tenía saltos ni lapsos oscuros en su mente.

Eran las diez y media y Franky caminaba hacia el metro, tenía que llegar a clases, seguramente vería a Sarah ahí. La última vez que la había visto estaba muerta en una bañera llena de sangre así que, necesitaba verla. Los sueños pueden llegar a ser muy reales, más aún cuando el soñador está pasando por situaciones estresantes o de dificultad en su vida. El momento onírico en aquellas personas que pasan por "malos días" es mucho más lúcido que, en aquel que vive un poco más tranquilo. En realidad, esto se da, esencialmente, porque mediante sueños tan vívidos o pesadillas inolvidables, el inconsciente está intentando decir algo, porque también está intranquilo.

Llegó a la universidad y, antes de entrar al aula donde se dictaría la clase, se encontró a Sarah. Ella parecía estar feliz de verlo y lo saludó cariñosamente con un beso en la mejilla. — ¡Franky! Aquí estás. — dijo, parecía emocionada. —Estoy ansiosa por la fiesta de esta noche, hace mucho tiempo que no salgo por estar estudiando. — Dijo.
—Sí, yo también. — sabía en realidad que él nunca salía y no era por estar estudiando.
— Te espero a las nueve en mi casa así llegamos a las nueve y media, la fiesta ya habrá empezado, pero recién la gente llegará a esa hora. — Agregó Sarah.
— Está bien, a las nueve entonces. — Respondió Franky, intentaba mantenerse tranquilo y no hablar mucho. — Estaré ahí. — sonrió un poco para no parecer muy serio.
— Bueno Franky, te espero. — Dijo Sarah mientras ingresaba al aula y se alejaba.

Franky vio a Sarah, esperó un momento y lentamente igualmente entró. Se sentó unas filas delante de Sarah. El lugar era grande y, cada fila se encontraba por encima de la anterior, de manera que, el profesor podía ver a todos los alumnos y, ellos podrían verle a él sin problema.

2

El reflector proyectaba imágenes que el docente iba pasando mientras explicaba algo que a Franky no le importaba, estaba como aturdido, casi confundido. Intentaba mantener la vista en el profesor, pero ahora también estaba mareado. Tomó un par de suspiros y vio hacia una de las ventanas del salón, se sentía errante. De repente ahí estaba, aquel hombre que vio el día anterior, al que creía conocer, pero no recordaba. Estaba hablando con dos personas de administración: el rector Herman y su asistente. No quitaba la vista de la ventana, aquel sujeto de perfil, no le traía un mal sentimiento, pero quería recordar de dónde lo había conocido. Definitivamente debe tener casi cuarenta. — pensó Franky. Parecía estar mucho más cansado que ayer. Tenía el mismo uniforme y caminaba casi con dificultad. Entonces se retiró del lugar, parecía como si aquellos dos sujetos de administración le hubiesen dado una orden.

De todas formas, Franky se seguía sintiendo aturdido. Entonces apoyó su cabeza en sus dos manos, las voces que había escuchado estos últimos dos días empezaron susurrando, a nombrarlo nuevamente. Se frotó los ojos e intentó mover la cabeza para reaccionar, sabía que esta vez no era un sueño, pero las voces igualmente permanecían. Todo parecía estar más lento y, ahora, sólo escuchaba las voces que lo llamaban, todo lo demás estaba en silencio. ¿Qué está pasando? — se preguntaba. Esto jamás le había pasado. Creía que tal vez podría ser un mareo o una descompensación o, quizás el golpe en la cabeza que había sufrido el día anterior al caer por las gradas.
—Franky...Franky...Franky...Franky...Franky...Franky. —

Las voces poco a poco subían en intensidad y, Franky no podía enfocar bien,
—FRANKY!!! —-

Entre las voces que escuchaba, confundió la del profesor. Entonces Franky reaccionó, y vio que estaba siendo visto por todo el salón.

— Lo siento, Sr. Andrew, no dormí bien ayer. — Respondió Franky, el profesor parecía haberle preguntado algo, y él en el momento de desconcierto, no logró escuchar nada.

El profesor Andrew vio a Franky por unos segundos, suspiró y siguió.

Cuando terminó la clase y salieron todos del salón, Franky se encontró con Sarah en la salida. — Franky, ¿Estás bien ? — preguntó.

—Si. Me quedé dormido. — le gustó que le hubiera preguntado, parecía que le importaba.

—Bueno Franky, te espero a las nueve. Nos vemos. —

3

Bajando hacia la salida de la facultad, Franky vio a aquellos dos hombres con los cuales estaba hablando aquel extraño hombre que vio desde la ventana del salón. Tenían un chaleco con el nombre de la facultad grabada en la parte del corazón, el rector estaba en sus últimos años pues, se lo veía muy deteriorado, y su asistente por otro lado, era mucho más joven y avisado. Pensó si debía preguntar o no, quién era aquel individuo con el que hablaban. Ambos hombres venían en su dirección.

— Disculpen señores, buenos días. — Decidió hacerlo. — Estaban hace como unos veinte minutos conversando con un señor en el lugar de descanso del bloque G, logré verlos por la ventana de mi aula les dijo Franky, estaba un poco dubitativo.

— Si. ¿Hay algún problema? preguntó el asistente. Quien parecía ser el más lúcido de los dos. — Rector, usted vaya, yo me encargaré del joven. — dijo al Rector Herman, quien continuó caminando lentamente.

— Lo que pasa es que el hombre con el que estaban hablando, es un primo al que, ni yo ni mi familia, vemos hace mucho tiempo. Estaba mintiendo, pero no se le ocurrió nada más que decir. — Quisiera saber si me puede decir dónde puedo encontrarlo — Siguió Franky.

— Joven, Mareca es parte del personal que contratamos para la organización del evento de mañana. La empresa en la que trabaja, se encarga de traer sillas, mesas, carpas y demás. Luego ellos también se encargan de la limpieza del lugar. — Dijo el asistente, era más joven que el rector por unos quince años. Ahora sabía el apellido de aquel enigmático sujeto, "Mareca"; sin embargo, nunca había escuchado ese apellido   No creo que pueda hablar con él ahora, fue a traer más sillas y mesas, al parecer nos harán falta. Asistirá mucha gente a la feria de Marketing que haremos mañana, será en el centro de eventos. Espero que pueda asistir usted igual muchacho. Es de entrada libre. — Continuó el asistente, Franky sabía que no iría, nunca iba a las ferias ni eventos con mucha gente.

—Intentaré llegar, estoy muy ocupado. — Respondió Franky. — ¿le importaría darme el nombre de la empresa en la que trabaja mi primo? — Seguía con la fachada.

— "Bodas y eventos CIUDAD 3". De todas formas, no creo que debería ir a buscarlo hasta después que termine el evento, porque él, y sus compañeros estarán trabajando muy duro. Se imaginará cómo quedan los salones después de eventos de más de 200 personas.

— Y tenía razón, realmente parecía ser un trabajo extremadamente tedioso. — pensó Franky. Al menos tenía donde ir a buscarlo, sabía que no estaría ahora pues, estaba trabajando, de todos modos, tampoco estaba convencido de ir. Sólo había preguntado por curiosidad. Sólo por si acaso.

4

Sacó todas las prendas de vestir que tenía, quería encontrar una que no lo haga ver como un idiota. Encontró una camisa azul oscuro y un pantalón de jean, le quedaban bien. Peinó sus cabellos, se perfumó y estaba listo. Eran casi las ocho y media de la noche y si quería llegar a tiempo, debía salir casi de inmediato. Cuando llegó a la puerta principal, su abuela lo interceptó .

— Franky, espera…—- Dijo. Se la notaba preocupada. — ¿Te encuentras bien? Porque hoy no desayunaste, sé que tienes toda la tarde en la universidad, pero no te vi en todo el día. ¿Almorzaste? ¿Comiste algo? — preguntaba.

— Abuela, sabes que almuerzo en la universidad. — Respondió Franky. — Me gustaría quedarme hablando, pero esta vez no tengo tiempo. ¿Hablamos en la mañana? ¿sí? — Realmente si quería ser puntual y justamente era lo que quería, debía salir. Dejó a su abuela parada en la puerta.

Como se me pasó el tiempo. — se decía.

Tomó un taxi que lo llevaría donde Sarah, no era cerca, pero en ese momento no le importaba los costos, no podía tomar el bus y correr el riesgo de ensuciarse o despeinarse, aún peor, quería evitar ser impuntual. Llegando a la dirección que Sarah le había dado, sentía que su corazón iba a explotar. Intentaba no pensar mucho para no ponerse aún más nervioso de lo que ya estaba, pero era inútil. No quería desperdiciar esta oportunidad, entonces imaginaba todo tipo de escenarios que podrían llegar a ocurrir, tanto buenos como malos, hasta alguno de ellos, realmente absurdos.

Una vez llegó , pidió al taxista que le esperase, bajó y fue a tocar el timbre de la casa de Sarah. Ella abrió la puerta, estaba con una blusa negra y arreglada informalmente, estaba sin sus lentes. Gracias a Dios no me puse aquel pantalón de tela. — Pensó Franky.

— Estas hermosa. — le dijo Franky, suavemente, realmente así lo creía.

— Gracias Franky, tú igual estás muy bien — dijo ella y sonrió.

Caminaron hasta el taxi y, una vez adentro, ella le dijo que la fiesta era de un amigo de la universidad, que, por cierto, se llamaba Nick. Franky por dentro sólo rogaba que no fuese el Nick que él conocía.

5

El taxi se detuvo, al bajar Sarah tomó una foto de ambos con su celular. La casa donde era la fiesta, no era nada como la que había visto en su pesadilla; sin embargo, para su desgracia, la casa si era de Nick. Nick el amigo de Dan. Franky intentaba no titubear mientras Nick estaba en la puerta de la casa, que suponía sería de sus padres, con un vaso en la mano. No quería que Sarah lo viese débil, peor aún, esperaba que no pasara algo que lo haría quedar como un perdedor, pues, sabía que eso era justamente lo que Dan y Nick se encargaban de hacer: Hacerlo quedar mal. De todas formas, le fue muy raro ver que cuando llegó a la puerta, Nick saludo muy bien a Sarah, pues, supuestamente era su amiga y, cuando él se disponía a entrar, Nick solamente lo saludo con la cabeza y una sonrisa. Parecía estar siendo falso, pero fue mucho mejor de lo que había imaginado.

Esto le hizo pensar a Franky que el verdadero "villano" era Dan, tal vez   Nick únicamente le seguía la corriente en cada una de sus malas aventuras, y cuando Dan no estaba, se comportaba.

Entraron a la casa, era grande, estaban todos reunidos en una sala que daba a un patio, el cual era muy espacioso. Franky sólo quería evitar cualquier tipo de problema y cuando sea el momento intentar quedar a solas con Sarah.

Sarah condujo a Franky a la mesa con todas las bebidas, que había sido dispuesta a modo de bar. Le preguntó qué quería beber, Franky en ese momento pensó en decirle que no tomaría.
— Un vodka. — no entendía por qué lo dijo. Él nunca había tomado más que algún sorbo de una copa de vino, o champagne, en alguna navidad o año nuevo con su abuela.

Sarah sirvió dos vasos de vodka y camino con Franky a uno de los espacios para sentarse del lugar. Ella se sentó cerca, podía oler su fragancia.
— Salud Franky, por la amistad. — Dijo ella. Ambos tomaron del vaso de vodka.
— Dale Franky, tienes que terminar el vaso. — dijo Sarah, sonreía y su vaso ya estaba vacío. Franky tomó lo que quedaba. Ardía, pero intento no hacer ninguna mueca. — Y Franky, ¿tienes algún apodo? —

— Hum pues, sí, mi abuela y algunos amigos me dicen Franky. —
— Franky. — Sarah sonrió. — Tiene mucho sentido…. Y dime Franky, ¿vives
únicamente con tu abuela? —
— Si desde mis nueve años, fue cuando me mudé a esta ciudad. —
— ¿Qué pasó con tus padres? —
— Ellos murieron, hace….
— Perdón, no quise tocar ese tema. — Parecía realmente arrepentida. — De todas formas, estoy segura que volverán a reunirse. —
— No te preocupes, igualmente pasó hace mucho tiempo. — dijo Franky, no quería que dejasen de hablar. — ¿Y qué hay de ti? ¿Con quién vives? —-
— Vivo aún con mis padres, pelean mucho, pero sé que en el fondo se aman. A veces pienso que la razón por la que pelean es para evitar el aburrimiento. Muchas son peleas realmente absurdas. — tomó un momento y vio a su alrededor. —Franky, ¿me esperas?
— dijo Sarah

— Sí claro. — Franky esperaba no haber hecho algo para que se fuera, esperaba que realmente volviera. Pasaron unos 40 segundos, y Sarah volvió con dos vasos de vodka a la mitad.
 — ¿Creíste que me iría? — Ella sonrió.

6

Habían pasado casi cuarenta minutos desde que se habían sentado. Sarah demostraba interés en conocer a Franky, y él jamás había conocido a alguien que realmente pareciera que le interesaba lo que decía o pensaba. Aún intentaba hablar lo necesario; sin embargo, con los vasos de vodka que había bebido, hablo un poco más de lo que acostumbraba. Creía que había conectado con Sarah. Mientras hablaban, tal vez debido a los tragos, Franky sólo podía pensar en besarla. No sabía si "jugársela" o no, creía que podría poner en conflicto la relación que ya tenían; sin embargo, el perfume y sus labios rojos hacían que fuera inevitable. Fue entonces que se decidió, lo iba intentar. Mientras hablaban se acercó poco a poco, esperaba que todo saliese bien.
 — ¡Sarah! — la voz de una chica, provenía justo detrás de ellos.
 — Mira, ahí están mis amigas. — Dijo Sarah. No pudo hacerlo, cerró los ojos por un momento y sonrió forzosamente. Ambos se pararon y saludaron a las dos amigas de Sarah.
 — Te presento a Carla y Joana. —

Ninguna era tan linda como Sarah. — pensó Franky.

Entraron entonces a la casa donde estaba la mayoría de la gente, la casa era grande, pero no tenía ningún parecido con la que había visto en sus sueños.

Una de sus amigas le dijo algo en el oído a Sarah, y hablaron un momento sin que Franky escuchase lo que   decían. Entonces Sarah agarró   a Franky del brazo, había muchas personas y la música hacía que debían hablar de muy cerca para poder escucharse el uno al otro.

— Franky, tengo que ir a hablar con alguien, será solo unos minutos. ¿Te molesta si te dejo un momento con mis amigas?,— dijo Sarah. — Estoy segura que te sabrán cuidar. — Agregó con una sonrisa.

— Claro, aquí te espero. — Respondió Franky. Realmente esperaba que fuese rápido, tal como fue la última vez que se había ido.

— Bueno Franky, llegó tu momento. — Era una de las amigas de Sarah, tenía un pequeño shot de tequila en la mano. — Toma esto. — dijo mientras pasaba el vaso.

— No gracias, ya tomé demasiado. — Respondió Franky, veía la espalda de Sarah que desaparecía entre la gente.

— Sarah no nos había dicho que tenía un amigo tan aburrido. Es tan solo un pequeño vaso—

Entonces Franky viendo a ambas chicas que esperaban que tomase el vaso, aceptó. El sabor era peor que el del vodka que había tomado antes. El ardor pasó de su boca hasta el estómago y de repente, quería volver a subir.

— Un momento chicas. — dijo apenas, mientras se alejaba. Tenía que vomitar. El sabor del tequila era tan intenso y el ardor penetrante que no pudo evitarlo. Para un principiante el tequila siempre es "mortal".

Las amigas de Sarah se vieron entre ellas. Franky empezó a caminar entre la gente, nunca había estado borracho y no lo estaba disfrutando. Mientras se abría paso, esperaba encontrar a Sarah, eso lo reconfortaría. Había mucha gente y pasaba empujando a algunos, pedía perdón como podía, sabía que no encontraría a Sarah en medio de tantas personas.

Decidió, entonces, preguntar dónde era el baño, no quería vomitar en frente de todos, sería un gran desastre. Imaginó la cara de Sarah al verlo todo vomitado y todos riendo, un papelón. Estaba muy mareado, y el sabor del tequila no desaparecía.

Pensaba después volver donde las amigas de Sarah pues, suponía que ella también volvería ahí. entonces se topó con una persona de espaldas.
— Perdón amigo. — dijo mientras le tocaba el hombro para que se diera vuelta .

Cuando se dio vuelta, vio que era el mismo Alex, aquel que él había visto en su sueño. Era algo raro pues, él conscientemente no recordaba haberlo visto antes, sólo ahora, primero en su sueño, y ahora en la fiesta. Estaba seguro que era él, únicamente que no llevaba lentes, como los tenía en aquella pesadilla.
— ¿Qué pasó? — Preguntó   el joven.
— ¿Alex? —
— ¿Te conozco? — Alex, aunque físicamente era idéntico al que vio en su pesadilla. Tenía una actitud mucho más prepotente ahora.
— Eh no, perdón ¿Sólo quería saber cuál era el baño? — preguntó Franky, aún estaba mareado, más aún ahora que no entendía cómo podría haber visto a aquel personaje en su sueño, antes de verlo en la realidad. Estoy muy borracho. — pensó.
— Es la segunda puerta. — Respondió Alex, mientras apuntaba en dirección al baño. Franky no aguantaba más y caminaba velozmente en medio de la gente. Por un momento Alex se le quedó mirando, intentaba reconocerlo.

Sorprendido por lo que acababa de ver, estaba intentando darle una explicación coherente. Se dirigía hacia la dirección que le apuntó Alex, en su mente pensaba que tal vez la puerta sería   roja como en su sueño, esperaba que no sea así.
—Franky…Franky…Franky…Franky…Franky…Franky. — No de nuevo. — Pensó.

Las voces empezaron, aquellas que lo llamaban, que pedían por él y repetían su nombre una y otra vez. Apenas pudo llegar al baño, y para su alivio, la puerta era normal, no era roja. Entró y la cerró rápidamente. Fue directamente al retrete y empezó a vomitar juraba en su mente nunca más volver a beber, algo normal cuando un joven incursiona por primera vez en el mundo de la bebida.

Las voces habían cesado, se incorporó, se enjuagó la boca, lavó las manos y la cara. Estaba empezando a reaccionar, se vio en el espejo, se peinó un poco y, decidió salir e ir donde había dejado a las amigas de Sarah, esperaba que ella ya esté de vuelta y esté ahí.

7

Salió del baño y quedó perplejo, en las puertas de la pared de enfrente, en diagonal hacia donde se ubicaba, ahí estaba, la puerta roja. Era de la misma tonalidad y, la iluminación le llegaba tal cual como lo había visto en su sueño. Era la única de ese color, estaba casi en shock. No podría ser la puerta del baño, pero de todas formas era idéntica.

Franky no sabía si debía entrar o no, recordaba el consejo que le dio Alex en su sueño, también recordó a la policía y lo que vio dentro de la puerta roja en la pesadilla.

Algo le decía que no debía entrar, entonces pensó en mejor ir a ver si Sarah ya había vuelto. Cuando se dio la vuelta, escuchó un sonido que provenía de la puerta roja. Franky volvió a ver aquella madera con el tono tan llamativo. Se acercaba poco a poco y decidió, cuando estaba a pocos pasos, entrar. Vio que nadie estuviese mirando y tomó la perilla de la puerta, aún seguía un poco mareado por la mezcla de alcohol que había tomado. Abrió la puerta y era un dormitorio. Entró muy despacio y cuando llegó al sector donde se encontraba la cama, vio a Sarah, estaba ahí con Nick. Ahora Franky entendía a lo qué Sarah se refería cuando le había dicho que "saludaría a alguien". Franky sintió que algo se rompía dentro de él y no podía hacer nada.

— Sal de aquí, espantapájaros, o te sacaré yo   Dijo Nick mientras buscaba algo para aventar a la cabeza de Franky.

Franky vio por última vez a Sarah y salió de la habitación.

No podía pensar en nada más que en lo que acababa de ver, le sorprendía aún más el hecho de que todo hubiese sucedido tras esa enigmática puerta roja. Prefería no haber entrado. Las imágenes eran vividas y prefería borrarlas de su mente, aunque sabía que era imposible hacerlo, lo iba intentar. No tenía nada que hacer en la fiesta, él sólo   estaba ahí por Sarah, claramente no era su lugar; sin embargo, antes de irse decidió beber un vaso más de aquella bebida tan fuerte que le habían invitado. Quería retirarse del departamento rápidamente, sabía que Sarah saldría de la habitación y no quería verla. Aunque no quería demostrar que esa escena había afectado profundamente a él. Terminó el vaso que se había servido y salió rápidamente de la casa. Recordó entonces, la foto que se había tomado con Sarah cuando salieron del taxi. Ese recuerdo que para él era algo hermoso, ahora tenía tintes negros.

7. Trayecto Z

1

Era como si todo el alcohol que había tomado, fuera tan agrio y amargo, que apenas podía hablar. Aún estaba con el tormento de lo que había visto tras aquella puerta roja. Vio en su celular, eran las once y once de la noche y estaba caminando de salida de la fiesta de Nick. Franky había creado muchos posibles escenarios para la velada; sin embargo, ninguno se asomaba siquiera, a lo que realmente ocurrió. Claramente para él, lo sucedido en casa de Nick, había resultado aún peor que las pesadillas de los últimos días.

Tenía el dinero suficiente para volver en taxi a casa, pero no lo quería hacer. Aunque llovía suavemente y era suficiente para mojarlo, a Franky no le podía importar menos. Estaba lo suficientemente borracho y aunque no lo quería admitir, deprimido, como para tener algún problema en mojarse un poco. La luna llena alumbraba la ciudad y se veía más grande que nunca y él, prefería estar caminando, aunque sea sin rumbo, a estar en su cuarto tras esas cuatro paredes, pensando en lo que estaría pasando tras las 4 paredes del cuarto de Nick. Al menos la ciudad de noche lo distraía.

El metro aún estaba en funcionamiento, pero no podría entrar en los vagones en aquel momento, sería como agregar sal a la herida. Pensaba caminar hasta una parada de bus que quedaba a unos quince minutos a pie. El bus tardaba mucho más, pero de esa manera tendría tiempo para calmarse antes de llegar a casa de su abuela. La ciudad estaba iluminada, a pesar de que era de noche, debido al paso de unos cuantos automóviles.

Mientras caminaba, tenía casi siempre la mirada puesta en sus pasos. No entendía por qué podría tener tan mala fortuna, pensaba que tal vez era algún tipo de confabulación del destino. Quizás Dios tan sólo está jugando conmigo. — se dijo. Es raro pues, casi siempre las personas tienden a buscar aquello que traerá caos a sus vidas, algo así como un impulso o instinto, en el que preferimos aquello que nos destruye, por sobre lo que nos cura.

Tal vez todo el asunto de Sarah, tenía un final anunciado. Ella había mostrado señales a Franky de que lo consideraba solamente un amigo, pero igualmente él quiso continuar. Parado en los semáforos viendo los autos pasar, recién ahora se daba cuenta de que todo había sido previsible. Hasta el hecho que Nick no haya hecho nada cuando él había llegado, cobraba sentido. Ahora entendía que no es que Nick no había hecho nada porque era tranquilo y seguía todo lo que Dan hacía, pues, en realidad había actuado así, porque al final de la noche, quería su "recompensa".

2

Los últimos acontecimientos lo tenían un poco paranoico, veía de un lado al otro en caso que alguien lo estuviera siguiendo. Era de noche y entre las pocas personas que seguían transitando las calles, parecía encontrar un poco de paz. Aunque sabía que estaba aún bajo los efectos del alcohol, solamente quedaban, un par de cuadras para llegar a la parada de bus que necesitaba. Mientras caminaba, cada vez que un coche pasaba y alumbraba el lugar, veía su sombra reflejada en el pavimento y en alguno de los muros de las calles. Las sombras se movían junto con los autos, era un efecto visual un poco extraño para Franky, considerando que había tomado unas "copas demás". De todos modos, lo que realmente lo desconcertaba, era que, cada vez que veía su sombra en las paredes de las ya cerradas tiendas y casas, como también cuando la veía en el mismo piso, siempre parecía, aparte de verse a sí mismo reflejado, ver la de alguien más, una sombra que, a medida que intermitentemente pasaban los coches, cada vez estaba más cerca. Entonces, Franky asustado miró para atrás y, no había nadie, estaba solo. Volvió a pasar un coche, la otra sombra que lo perseguía estaba a punto de tocarlo, fue ahí que vio la señalización de la parada de bus a la que debía llegar y, asustado por lo que estaba viendo, corrió lo poco que le faltaba. En el asiento de espera, únicamente había una persona sentada esperando. Llegando a la parada, la lluvia se había intensificado.

3

— ¿Noche loca eh? —Era el señor sentado en la parada de bus. Tenía una voz rasposa y muy profunda, era reconfortante e incómoda a la vez. Hablaba lentamente y mientras lo hacía, no movía la cabeza en dirección a Franky, se mantenía mirando al frente. Por alguna extraña razón, la voz del anciano retumbaba en su cabeza.
— Supongo que sí. — Respondió Franky. Todo permanecía oscuro y la lluvia parecía cada vez encolerizar más.
— No te preocupes ... — ¿Cómo te llamas muchacho? — Preguntó.

Franky no se sentía con muchas ganas de hablar, únicamente pensaba en llegar a casa e intentar dormir. Tal vez mañana despertaría y todo sería distinto. Siempre es fácil pretender que la almohada solucione todo y a veces, funciona.
— Franky. — Respondió.
— Mira Franky, siempre las noches más locas y retorcidas son las que se quedan para siempre con nosotros, a veces para recordarnos

un sentimiento, tal vez pensamiento. Sea como sea, siempre es para mostrarnos algo que debimos aprender. — Dijo el anciano, parecía intentar ser amable. Franky lo vio, era bastante mayor y traía un impermeable negro con capucha, la cual le cubría hasta las cejas y un poco de los ojos. La noche estaba cada vez más inmersa en la oscuridad y el señor, permanecía sentado a un metro sin mover la mirada. Ya no pasaban coches para iluminar las calles, así que lo único que Franky realmente distinguía en el anciano era su bastón en la mano derecha y su abundante barba.

— Puede que sea verdad. — Era verdad, esa noche quedaría en su mente grabada por un buen tiempo. Pero, la pregunta que se hacía era si realmente había llegado al aprendizaje que el anciano mencionaba, creía que no.

— Y dime...— la voz del viejo era realmente desconcertante. — ¿De quién escapabas? Pareces agitado. — únicamente veía la barba de aquel anciano moverse. Aunque la calle en la que estaban permanecía en penumbra debido ahora a la ausencia de coches, Franky suponía que el anciano tan solamente era un vagabundo que intentaba hablar con alguien, por lo que no le temía. Aparte que a quien quería engañar, igual él no tenía nadie que lo escuchase, al menos así lo creía.

— Aunque no creo que tenga mucho sentido, y supongo que es más porque me estoy volviendo loco. — Respondió Franky un poco cansado y realmente confundido por los sucesos entre sueños y realidad que lo tenían agobiado. — Pero la verdad es que hace unos días estuve sintiendo que una presencia me sigue, primero empezó en mis sueños, pero ahora parece estar entrando en mi realidad. — confesó Franky. Claramente no le contaría eso a su abuela, ella era tan religiosa que seguro entendería que son demonios los que atormentaban a su nieto. El anciano tal vez no lo juzgaría.

— Franky, escucha, los sueños son siempre subjetivos, nunca el mensaje está explícito , se les debe encontrar el sentido. La mayoría de las veces para lograr esto, se debe buscar donde normalmente no lo harías. Los sueños intentan llevarte por una ruta, esta es la que está armada para ti, lo que se espera que veas, sientas y escuches. Sin embargo, para lograr descubrir algo que está escondido en las sombras, que no se quiere revelar, debes evitar esa ruta, romper el camino, intentar no seguir lo que el sueño quiere que hagas. Los sueños son mensajes que tu inconsciente te quiere enviar. Ahí entra en juego la manera en la que tú, puedas descifrar, ese mensaje. — explicó el anciano— Es el lugar más oscuro y recóndito de tu ser, ahí donde todo se almacena, donde nada se olvida. Se puede llegar a recordar momentos que creías olvidados o memorias perdidas, así como también, conocer partes de ti que creías inexistentes. — Franky escuchaba atentamente al anciano mientras la parada de bus continuaba vacía. El anciano continuaba con la mirada fija en el horizonte y Franky veía como la lluvia entraba en sus desgastadas sandalias. El largo impermeable sólo cubría hasta sus pantorrillas dejando sus escuálidos tobillos descubiertos.

— Mira Franky, cuando un sueño es recurrente es porque el mensaje de tu subconsciente es urgente, más aún cuando las pesadillas se vuelven repetitivas. — la voz del anciano continuaba firme. — Un mensaje de alerta de tu psique. Es como cuando una enfermedad física nos va mostrando síntomas previos que, si no atendemos, pueden llegar a traer consecuencias. Asimismo, el inconsciente manda mensajes a través de distintos medios, como ser los sueños, cuando algo se está enfermando dentro. — Franky había escuchado atentamente al anciano, creía que tenía lógica lo que estaba diciendo.

— Pero ¿Cómo puedo interpretar el mensaje de mi inconsciente? ¿cómo puedo curar aquello que se enferma desde adentro? —

— Mira Franky, te responderé con un ejemplo. Hace muchos años yo, cuando probablemente rondaba tu edad, o cerca, tenía el constante sueño de que un tigre siberiano de casi dos metros entraba en mi casa de noche. Casi todas las noches aquellos ojos rojos rondaban, como un vigilante de mi casa. Yo quedaba paralizado en mi cama, casi sin poder ni pestañear, pronto el sueño me estaba consumiendo. Creía nunca haber dormido lo suficiente, apenas tenía apetito, no quería hablar con nadie, realmente estaba afectando mi vida. En un principio pensaba que, aquel tigre tan imponente, podría representar el miedo que tenía a que algún invasor entrase en mi casa y me hiciera daño; sin embargo, una noche, vi que era algo más. El tigre ahora no rondaba la casa, venía a mi habitación y se acercaba a mi cama. Dormía solo y el tigre me veía, cada vez que eso pasaba, entraba en mí, algo realmente maligno. Fueron días muy oscuros. — Mientras el anciano hablaba, en la calle de enfrente Franky vio que había una silueta, parecía estar observando. Entonces vio al anciano por un momento, él continuaba sin mover de dirección su mirada.

— No te preocupes. — Dijo. Entonces Franky volvió a ver dónde estaba aquella sombra y ella ya no estaba. — Una noche el gran tigre, empezó a acercarse aún más, se notaba que tenía intenciones de devorarme, por lo que, no me quedaba otra opción que pelear contra él. Así fue y estuve toda la noche en un enfrentamiento que parecía jamás terminar. Al final, cuando ya casi amanecía, logré domar a la bestia. Hasta el día de hoy la mantengo así, aunque obviamente, nunca desapareció. — Agregó el viejo. Franky creía que lo que el anciano le estaba contando, tenía relación con lo que él había estado viviendo, tenía muchas preguntas.

— Parece que por fin llegó mi transporte. — dijo el anciano. Se veía venir un bus en medio de la lluvia. Franky vio el destino y no era el que necesitaba. — Franky debes solucionar cualquier tipo de problema interno que estés atravesando, es difícil afrontar lo que no se quiere ver, pero recuerda, a veces lo que estás buscando no está en frente tuyo, sino detrás. — El anciano se paró y cuando estaba a punto de subir en el bus vio a Franky y le dijo. — Deberías ir a ver a Mareca, tal vez te podría ayudar. — ¿Mareca? Se preguntó Franky, era improbable que sólo sea una coincidencia.

— Espere. — dijo Franky, pero era tarde, el anciano ya se había ido. El autobús en el que estaba, parecía estar vacío, él entró hasta el fondo de los pequeños asientos y se sentó. Franky se paró y observaba al señor que ya estaba sentado. En ese momento pensaba en Mareca. No entendía como el anciano, a quien probablemente nunca volvería a ver, podría haberle mencionado aquel sujeto. El bus había partido y únicamente por curiosidad, intentó ver el destino del señor. En CIUDAD 3, los buses estaban marcados por letra según su destino, estas señalaban el trayecto que recorrería el chofer. Las letras llegaban sólo hasta la H, Franky necesitaba llegar a casa de su abuela, aquellos buses que seguían el trayecto G, lo dejaban muy cerca. Lo extraño era que el bus en el que subió el anciano, marcaba el trayecto Z. El trayecto Z no existía.

8. Dos cheques y un libro de recuerdos

1

Era sábado y sentía que sus pensamientos estaban adormecidos, podía sentir su pulso solamente contando las vibraciones de su cara. Abriendo apenas, uno de sus ojos, vio que aún tenía puesta aquella camisa azul que había escogido el día anterior.

Hoy no debía ir a la universidad, lo que era un alivio. No quería ver a Sarah, en realidad no quería ver a nadie, pero en especial a ella; no sabría cómo actuar. Franky sabía que no tenían nada y que, probablemente, ella siempre lo había visto únicamente como un amigo; sin embargo, no podía evitar sentirse traicionado. El hecho que la persona con la que Sarah estaba en aquella cama, era justamente Nick, era algo que no olvidaría ni en "un millón de años". Quería que esa parte de su velada, hubiese sido simplemente un sueño, pero sabía que no lo era.

Había un incendio en su estómago, tenía la voz ronca y las ojeras tan grandes, que parecía tener dos grandes bolsas moradas en vez de párpados. Pensó en dormir un poco más, pero después vio el reloj de su cuarto, era uno digital y marcaba la una y once de la tarde. Jamás había despertado a horas tan avanzadas del día. Se fue despabilando del aturdimiento. Maldito tequila. — se dijo.

Estaba seguro de no querer ni imaginar, el olor de esa condenada bebida, nunca más. ¿Cómo fue que llegué a mi casa? — fue el primer pensamiento claro que tuvo. Recordaba haber esperado el bus con un anciano en la parada.

Mareca. — el nombre saltó en su cerebro.

Parecía ser el nombre de aquella persona que vio dos días por la universidad y que creía conocer y, después el anciano casualmente lo había mencionado, parecía que todo apuntaba a ese nombre. Era imposible que fuese simplemente una coincidencia, sería algo extraordinariamente peculiar. Tampoco estaba seguro si aquello realmente había pasado o, si aquel encuentro con ese extraño y longevo señor, había sido una pesadilla más de las tantas que había estado experimentando. El alcohol puede llegar a mezclar recuerdos. De todas formas, sabía que ese sujeto, Mareca, tendría algo que ver en todo esto, tal vez podría ayudarlo, sinceramente esperaba que así fuese, pues, creía que estaba al borde de la locura. "Eventos y bodas CIUDAD 3", era el lugar. Ojalá esté abierto. — pensó. Había visto el cartel un par de veces, no era muy lejos; sin embargo, seguramente Shaw no estaría ahí.

Hoy era la feria de Marketing que le había comentado el asistente del rector y él debía trabajar. El folleto decía que todo empezaría a las siete de la noche en el lugar de eventos de la universidad. Tal vez podría llegar. — pensó. Podía hacerlo si se apuraba, prefería encontrarlo en su lugar de trabajo o, hasta en su casa, antes que ir a la universidad. No se duchó, únicamente se cambió de ropa, se lavó la cara y salió de su cuarto.
— ¡Franky! — era su abuela desde su habitación, sabía que tardaría en pararse. — ¡Te escucho caminando! — bajo intentando no hacer mucho ruido. Verdaderamente, no quería hablar con su abuela. — ¡Franky¡¡Debemos hablar de anoche! — se escuchaba que estaba parándose. Seguramente había llegado muy borracho e hizo alguna estupidez. Se apuró, abrió la puerta y, sin decir nada, salió de la casa.

2

Entró en el lugar para el que trabajaba Shaw, no había nada sospechoso, solamente parecía que estaba por caerse a pedazos, pero era normal. Esperaba que Mareca, estuviese en el establecimiento y así, podría sacarse la duda de una vez por todas. Una mujer tras el mostrador se veía las uñas, tenía el cabello enrulado y se notaba un poco despistada. Tenía un pequeño cartel en el pecho, decía, "Pam", parecía tener unos treinta y cinco años. La televisión estaba encendida en el canal de noticias.

— ¿Te puedo ayudar? — Dijo Pam.

— Eh, sí. Estoy buscando a Robert Shaw. —

— Lo siento, pero Robert no está aquí, tal vez deberías volver el lunes tipo… diez de la mañana, seguramente lo encontrarás. — Robert, ya sabía el nombre de pila de Mareca, Franky no quería esperar hasta el lunes, necesitaba respuestas. — ¿Hay algo especial por lo que querías ver a Robert? — preguntó Pam. Franky había estado pensando en decir todo el camino.

— En realidad sí. — dijo Franky. —Robert es un primo que no veo hace mucho tiempo y me dijo que podía venir a buscarlo aquí. El problema es que el lunes tengo que salir de la ciudad pues, sólo vine por unos días y realmente quería verlo. —Era una buena mentira.

— ¿No sabe dónde podría encontrarlo? Algo así como su dirección personal. Así podría pasar por su casa con un par de regalos de parte de sus tíos…Sería de gran ayuda. — Franky estaba descubriendo nuevas habilidades en él. Nunca había peleado, ni discutido por lo que quería, siempre que algo se oponía él solía ceder. Quizás en otro momento, él hubiese aceptado y preferido volver el lunes, sin importar que él no lo quería así.

De todas formas, esta vez era diferente, el peligro y el miedo son los mejores motivadores, pues, siempre inducen a la acción.

La encargada tras el mostrador, no creía que Franky fuese un joven problemático, tenía más bien pinta que no había comido en días, ni dormido en semanas, pero no le traía mal rollo. Lo último que Franky recordaba haber comido, eran unas papas fritas aguadas, seguro recalentadas, en la universidad.

— Lo siento amigo, pero no puedo darte la dirección por más que quisiera, va en contra de las normas del lugar. — Dijo Pam, no estaba permitida a dar información del personal

— Por favor Pam, realmente me ayudarías mucho, sería muy feo haber viajado todo el día para no poder ni ver a mi primo. Estaba esperando quedarme en su casa esta noche —

- dijo Franky mientras ponía un par de billetes en el mostrador. Entonces Pam sacó un cuaderno grande que tenía en uno de los separadores, vio las hojas por un momento y escribió la dirección en un pequeño papel. — Está bien Franky, que te quede claro que esto nunca ocurrió. — dijo. — Aquí tienes. — le pasó, disimuladamente, aquel pequeño papel, y tomó el dinero del mostrador.

Franky salió del lugar y vio el papel, decía que era entre la calle 350 y 360, "Eventos y bodas CIUDAD 3" era entra la calle 280 y 290, así que, para llegar a casa de Shaw, eran aproximadamente unas seis o siete cuadras. No era mucho.

3

Llegó a donde decía el papel, vio su celular y eran las cinco y once de la tarde. La zona parecía ser de nivel bajo, las casas eran pequeñas y la gente no era muy cortés. Llegó a la casa N55, era la que estaba señalada, era blanca y parecía muy antigua, pero no antigua en el buen sentido. A Mareca no le va nada bien. — se dijo. En la parte de atrás, en el patio, estaba un perro, amarrado a un árbol, que no dejaba de ladrar.

Franky tocó y esperó unos tres minutos, hasta que, por fin, se escucharon sonidos del otro lado, alguien se estaba asomando. La puerta se abrió muy levemente. Era él, ahí estaba Robert Mareca, Franky lo reconoció de inmediato.

— ¿Sí? — preguntó. Se lo notaba realmente cansado; sin embargo, al mismo tiempo, apurado. Si la última vez creyó que tenía cuarenta, esta vez parecía aún mayor, realmente parecía estar pasándola hasta peor que Franky.

— ¿Usted es Robert Mareca? — Preguntó.

— Si soy yo ¿qué se te ofrece? — dijo Mareca. Realmente Franky no había pensado en ese momento, creía que solamente al verlo algo surgiría. Quizás él lo reconocería, pero no fue así. —¿Quién es usted? —. Mientras, Robert hablaba, Franky empezó a sentir el mareo típico de estos últimos días. —Franky…Franky…Franky… Franky…Franky…Franky. —

Esta vez las voces provenían desde la casa. Fue entonces que, tras de Robert, vio aquella sombra. Al tener las ventanas cubiertas, el interior del lugar de Shaw era muy oscuro y apenas se podía ver; sin embargo, era inconfundiblemente aquella silueta vacía y oscura que lo había estado acechando. Estaba seguro, podía sentir su presencia. La vio pasar claramente por detrás de Robert y, luego, se escondió en las sombras. Franky intentaba ver dónde había ido. — Entra…— escuchó claramente en uno de sus oídos, parecía que aquella presencia quería que entrase en la casa.

— ¡Hey amigo! — grito Mareca. — Mira, realmente no tengo tiempo para esta mierda, así que me dices que quieres o te vas. ¿me entiendes? — Franky aún no sabía qué responder. — Bueno, es hora que te vayas… Maldito loco. — Estaba enojado, y cerró la puerta en la cara de Franky.

4

No falta mucho para que salga. — Pensó Franky. Aquella sombra tenía algún poder sobre él y, le había dicho que entrase en casa de Mareca. Esperó unos diez minutos tras unos árboles por la zona, hasta que Robert por fin salió y rápidamente cerró la puerta de su casa, subió en una moto roja que tenía estacionada a un lado de su casa y, desapareció del lugar.

Eran las seis y seis de la tarde, y Franky caminó alrededor de la casa. El cielo ya estaba oscureciendo, también algunos faros de iluminación estaban encendidos. No faltaba mucho para la puesta de sol.

Las ventanas estaban tapadas por lo que no podía ver bien el interior de la casa, pero lo que veía estaba descuidado y desordenado. Cuando estaba llegando al muro que daba a la cocina, vio que la ventana estaba un poco abierta. Franky usualmente no habría ni pensado en hacerlo, pero esta vez era diferente, también él se sentía diferente

Abrió cautelosamente la ventana, está hacia chirridos, pero no eran muy intensos. El perro seguía ladrando y parecía que jamás se callaría; sin embargo, sus ataduras parecían estar muy firmes por lo que, Franky trepó y entró por la ventana.

5

Estaba dentro de la casa de Robert Mareca. No sabía precisamente que estaba haciendo ahí, de todas formas, ahí estaba, con una adrenalina que hace mucho tiempo no sentía, agitado y muy enérgico. El lugar, era un desastre, estaba sucio y nada estaba en su lugar. No sabía qué buscar ni tampoco dónde, pero pensó que debería ir justo donde había visto que la sombra se ocultaba. El lugar era únicamente de un piso y realmente, los ambientes eran muy limitados, casi al punto que la sala estaba a un par de pasos de la cocina y del baño. Vio que el lugar donde había entrado aquella presencia conducía a la habitación de Mareca. Cuando entró, no vio nada raro, menos aún aquella sombra que había visto hace unos minutos. La habitación al igual que toda la casa estaba en estado deplorable, la ropa estaba tirada y mucha de ella estaba sucia, parecía que el señor Mareca no tenía tiempo ni para lavar sus calzoncillos. De todas formas, nadie lo vería, era obvio que vivía solo. Entre las cosas que estaban en la pequeña mesa de noche, había dos cheques. Ambos estaban destinados a una persona de apellido Ramírez en otra ciudad, no les dio mucha importancia sin embargo vio que eran sumas altas de dinero, bueno altas para las condiciones en las que vivía. Al parecer tiene muchas deudas. — pensó, también había un sobre con unos billetes, Franky no estaba ahí para robar así que lo cerró, y lo devolvió donde estaba. Por último, debajo de un par de revistas, vio un libro negro, era grande y tenía la tapa de cuero. Lo levantó y empezó a ojear, era un cuaderno de fotografías. Las fotos mostraban a Robert, parecía estar unos años más joven. En la mayoría estaba con una mujer y una niña, suponía que era su familia. Qué habría pasado con ellas. — se preguntó Franky. Otra de las fotografías, mostraba a Mareca solo. Lo extraño de aquella imagen, era que estaba con una gran sonrisa, parecía que antes si era feliz. ¿Por qué estoy aquí? — se preguntaba Franky. Aún sentía que conocía a aquel hombre en las imágenes; sin embargo, no entendía qué tenía que ver todo esto con él. Claro que Mareca también había perdido su familia, pero, hay muchas personas con la misma suerte, entonces, ¿Por qué él? ¿Por qué aquella sombra quería que entrase en aquella casa? ¿Qué quería de Mareca?

Salió de la casa por la ventana y, estaba seguro que todo había sido una pérdida de tiempo. No tenía nada, había puesto en juego su libertad por una corazonada, pues, no había obtenido nada a cambio. Sólo sabía que Mareca era una persona más, que sufría la vida en vez de vivirla.

9. Detrás de ti.

1

Era día de iglesia, Franky no debía ir si no lo quería; ya lo había hablado con su abuela. De todos modos, debía alistarse, la tenía que llevar, pues, claramente, ella ya no podía manejar. A él tampoco le gustaba mucho estar tras el volante y, aunque tenía el auto de su abuela a su disposición, prefería tomar el metro o el bus. La iglesia quedaba entre las calles 350 y 360, eran aproximadamente unas quince cuadras. No era mucho.

Cuando bajó, el desayuno estaba listo. Delia parecía estar en mejor forma que los últimos días. El televisor estaba encendido en el noticiero. "Sr. F sigue en fuga" aparecía en la pantalla. Estaba casi seguro que hablarían de los sucesos de los últimos días, realmente no quería hacerlo, hasta ahora no recordaba cómo había llegado el día de la fatídica fiesta.
— Franky, ¿dormiste bien? —
— Supongo que sí, abuela. —
— Que bien. — dijo, parecía estar mucho más tranquila que los últimos días. — Te cuento que hoy el pastor Javier nos comunicó que la misa sería un poco más corta. — tomó un sorbo de té. — Así que te espero a las doce en punto en la puerta de la iglesia. — No había dicho nada de aquella noche, era raro, pero creyó que tal vez prefería hablar cuando saliese de la iglesia.

— Está bien abuela. — dijo Franky.
— Te veo mucho mejor Franky. — dijo mientras sonreía. Era aún más extraño, pues, de hecho, se sentía peor.

2

Todo el trayecto Franky había sido muy precavido y responsable, era su manera de conducir, seguía cada una de las señalizaciones y, jamás cometía infracciones ni adelantamientos.

Las puertas de la Iglesia estaban llenas. Ahí estaban las amigas de Delia. Supuestamente eran igual de religiosas que ella. Lo curioso es que, aunque proclamaban ser fieles y firmes católicas, también disfrutaban mucho de la hipocresía, el "viboreo" y los juegos de casino. Su abuela, pensaba Franky, era la única que realmente seguía los mandamientos de Dios.
— Bueno Franky, Nos vemos. — Dijo, mientras se inclinaba para darle un beso en la mejilla. — No te olvides de venir a las doce. —
— Sí, abuela. Tranquila. —

Franky sentía algo extraño, como si todo el trayecto hasta la iglesia, los hubieran estado siguiendo. No quería darle mucha importancia, pues, sabía que probablemente era la paranoia por todo lo que había estado últimamente viviendo. De todos modos, se quedó estacionado un momento esperando. Una vez que Delia se encontró con sus amigas y todas entraron, Franky, mucho más tranquilo, partió en el auto.
— ¿Hola? "Servicio técnico Soom" ¿En qué puedo ayudarlo? — Había dejado el lente roto de su cámara en ese lugar. Estaba llamando para ver si podía recogerlo. El lugar no era muy lejos así que sería rápido.
— Si, ¿quería saber si está abierto los domingos? Pasa que debía pasar ayer para recoger un lente 15 mm , pero se me hizo tarde y no pude llegar. —

— No amigo. — Dijo, era la voz de una chica joven. — Pero si lo único que quiere es recoger su equipo, puede pasar y se lo entregaremos. — Justamente era lo único que quería, tenía una hora y media y no quería retrasarse para recoger a su abuela.

— Si, está perfecto. — Dijo Franky mientras se alejaba de la iglesia.

Llegando a la esquina, vio un auto negro lo que le llamaba la atención es que no tenía placa, vio en el interior y tras unos vidrios oscuros se veía la silueta de dos hombres. Por un momento paró, pero pensó que seguramente no sería nada, tenía que apurarse si quería llegar a la hora que le había dicho su abuela.

3

El letrero en la puerta decía cerrado, de todas formas, Franky ya había quedado con la encargada. Toco el timbre, pasaron unos dos minutos y la puerta se abrió

— ¿Sí? --. abrió la puerta una chica de unos veinte años, rubia y de rasgos muy armónicos. — Ah, debes ser el del lente. — Dijo.

— Sí, soy Franky, por cierto. —

— Cindy, pasa. —

Ambos pasaron y le indicó que se sentase por un momento mientras, buscaría el lente. Franky no podía dejar de verla, había algo en ella que le atraía. Tenía lentes un poco grandes, el pelo un poco más arriba que los hombros y una sonrisa seductora. Estaba un poco arreglada, considerando que era domingo. Seguro tendrá algo que hacer después. — pensó.

— Dijiste con focal de 35 mm, ¿cierto? — dijo Cindy. Estaba buscando entre los estantes tras el mostrador. Sorprendentemente era muy agradable y, cuando hicieron contacto visual, ella sonrió.

— Si un lente angular 35mm. — Era uno de los lentes que Franky más usaba, entre otras cosas, ayudaba a enfocar y lograr acercamientos precisos, aparte que no era ni muy grande, ni pesado.

— Perdón, vengo aquí hace muchos años, pero jamás te había visto Cindy. — Realmente era la primera vez que veía a aquella hermosa rubia. — ¿Recién empezaste a trabajar? — preguntó.

— En realidad no trabajo aquí, soy la hija de Carl. — Dijo, mantenía la sonrisa cuando hablaba con Franky. Carl era el dueño del lugar, era raro que algo tan bello provenga de aquel sujeto. — Creo que tu equipo está en la parte de atrás, ¿pues, dame un momento?, ahora vengo. —

— Claro. — Aún tenía tiempo, no mucho, pero tenía unos cuantos minutos de sobra. Permanecía sentado en el lugar de espera a unos pasos del mostrador, de repente, la puerta se abrió y entraron dos sujetos. Estaban de traje, parecían ser detectives, o guardas de seguridad de algún famoso, eran altos y, ambos tenían el mismo pelo negro corto. Vieron por un momento a Franky y se acercaron directamente al mostrador.

Cindy volvió, tenía el lente en la mano; sin embargo, cuando se acercó al mostrador y vio a aquellos hombres lo dejó un momento en el mesón. La sonrisa que parecía nunca terminar, había desaparecido. Parecía realmente asustada.

Los dos sujetos empezaron a hablar suavemente con Cindy. Franky no podía escuchar que era lo que decían, pero ella lo miraba de reojo, como si quisiera decirle algo. Pasaron unos minutos conversando, hasta que los dos sujetos se dieron la vuelta, lo vieron por unos segundos y, sin decir nada, se fueron. Entonces se acercó al mostrador, Cindy tomó el lente y se lo entregó. — Aquí tienes. — dijo ella. Aún parecía estar un poco perturbada por lo que los dos hombres le habían dicho.

— Gracias. — Franky puso unos billetes en el mesón. — ¿Está todo bien? — preguntó.

— Si, no te preocupes. Estaban buscando a mi padre, aún no pudo encontrar la pieza para reemplazar el equipo que necesitaban. —

— Bueno me tengo que ir. — dijo Franky, debía llegar a tiempo para recoger a su abuela.

— Un placer conocerte Cindy. Espero verte pronto.
— Igualmente Franky. Dijo ella, mientras pasaba un pequeño trozo de papel disimuladamente. Franky esperaba que fuese su número. Aún parecía afligida.

Entonces salió del lugar y vio que no era un número telefónico, era una dirección. "Entre Calle 600 y 610, Número 55", y en el reverso un nombre "Sr. F".

4

Eran las doce y once, había llegado un poco tarde, la demora en "Servicio Técnico Soom", ahora tenía sus consecuencias, igualmente, en el trayecto, los semáforos parecían estar todos confabulando en su contra, siempre que estaba por pasar cambiaban a rojo. Bajó rápidamente del coche y antes de entrar a la iglesia se encontró a una de las amigas de su abuela.

— ¿Franky? — Era la Sra. Vivian. — ¿Qué haces aquí? ¿Se le olvidó algo a Delia? — preguntó.

— De hecho Sra. Vivian, vine a recoger a mi abuela. ¿Sabe dónde está? — La anciana frunció el ceño, se la notaba realmente confundida.

— Franky, estoy segura que tu abuela ya se fue, pero espera, puede que los años me estén jugando una mala pasada. — Entonces la señora entró a la iglesia y Franky esperó en la entrada. Pasaron unos minutos y volvió, estaba con otra de las señoras, era Martha.

— Franky, tu abuela se fue hace unos 10 minutos, estaba segura que se había ido contigo. — dijo Martha. — La vimos cruzar con un joven, todas creímos que eras tú, luego entraron a un auto y se fueron Franky empezaba a sentirse mareado. Se preguntaba con quién podría haberse ido su abuela, ella no se iría con cualquier persona. Las señoras igual parecían confundidas.

— Franky seguramente fue a casa, debe estar esperándote ahí.

¿Por qué no vas a ver? — dijo Vivian. Franky esperaba que así fuera, era lo más probable. Nos dijo que irían a almorzar contigo, dijo que irían a "Jhonny´s". Sabes cómo le gusta ese lugar. — Tenía mucho más sentido, seguramente tenía hambre y en los once minutos que Franky demoró en llegar, seguramente había decidido ir a casa. Recordó que hace como un año, se había quedado dormido y no logró recoger a su abuela; sin embargo, cuando despertó, ella estaba ahí con el almuerzo listo y una sonrisa, había tomado un taxi. Realmente esperaba que esta vez sea lo mismo.

5

Llegó a casa, parecía estar todo apagado, recorría el primer piso casi sabiendo que ella no estaba. No estaba su abrigo donde siempre solía dejarlo al llegar a casa, tampoco estaban sus llaves en la mesa de entrada, todo indicaba que no estaba.

— ¡¿Abuela?! — El pesimismo iba aumentando, caminaba rápidamente por todas las habitaciones del primer piso, pero no la encontraba, estaba esperando escuchar su voz salir de alguna de las habitaciones, pero, la casa estaba en silencio.

Ya corría mientras subía al dormitorio de su abuela, la puerta estaba semiabierta, pero ella no estaba adentro. Era un momento de desesperación, Realmente no entendía que podría haber pasado. Al mismo tiempo no sabía si salir a buscarla o esperarla en casa, pero algo tenía que hacer. Bajó entonces a la cocina y se sentó un momento, tenía ambas manos en los ojos, las lágrimas empezaban a caer, pero sabía que no podía rendirse. Su abuela era lo único que le quedaba y no podía perderla, no todavía, aún tenía mucho que compartir con ella. Igualmente, creía que no podía quedarse solo, le había aterrorizado pensar en este día y ahora estaba ocurriendo, tenía un nudo en el pecho y la garganta cerrada, apenas podía respirar. Pensaba que no podría estar solo contra todos los problemas y adversidades del mundo, sin que su abuela estuviera ahí para apoyarlo, había sido su único pilar en todos estos años.

Había decidido esperar hasta cierta hora, pero se paraba todo el tiempo para ver por la ventana, también abría la puerta y salía, tal vez su abuela aparecería por una de las calles cercanas. Ya eran casi las cuatro de la tarde y Delia no había llegado. No puedo quedarme sentado aquí. — Se dijo. Entró en el auto y fue hasta el departamento de policías. El trayecto fue una tortura, había estado casi media hora dando vueltas por la iglesia, ahora cualquier norma de transito no le importaba, también se metió en todo tipo de calles hasta peatonales. De todas formas, ahora estaba en la central de policías de CIUDAD 3. Franky movía las piernas con desesperación, el policía que estaba del otro lado del escritorio, por el contrario, se lo estaba tomando con mucha calma. Excesiva pensaba Franky.

— Delia Warner ¿cierto? Y aquí nos está dejando una fotografía de ella. — Tomó la fotografía que Franky había llevado, era una reciente de su abuela.

— Oficial, con todo respeto, ¿podríamos apurar el proceso? Realmente creo que puede haber pasado algo malo con mi abuela.

— Tranquilo muchacho, te aseguro que tu abuela está bien. Una patrulla ya fue informada y está patrullando la zona. — El policía tomaba un café mientras hablaba. — Tu abuela, por casualidad, ¿No tenía algún problema relacionado con la vejez? Ya sabes alzhéimer o esas típicas enfermedades que surgen con el tiempo.

— No oficial, como ya le dije, mi abuela estaba perfectamente bien. Al salir de la iglesia, sus amigas la vieron con un joven entrando a un auto. —

— Si, pero no tiene la placa de aquel supuesto auto. ¿cierto? — tomó un sorbo de café y vio a Franky en los ojos. — Mira muchacho, estamos haciendo todo lo que podemos hacer. Una patrulla está vigilando la zona mientras tanto y otros policías están entrevistando a las últimas personas que vieron a tu abuela. Para estas investigaciones se necesita llevar un protocolo, no podemos salir a buscar sin rumbo. A veces el sospechoso que estamos buscando no está en frente, a veces puede estar en otra dirección. —A su manera, tenía razón. De todas formas, Franky quedó un poco decepcionado por la pasividad de la policía.

— Ve a casa muchacho, es lo mejor para ti, nosotros te llamaremos. — Concluyó el oficial.

Salió del departamento de policías aún más desesperado. Ellos no ayudarán. — pensó. Además, lo último que haría sería ir a esperar en casa solo, se volvería loco. Entró en el auto beige de su abuela, era antiguo, pero funcionaba bien. Intentaba pensar en algo que podría ayudar en la búsqueda, lo único que podía hacer era ir a dar unas cuantas vueltas más por la iglesia, tal vez hablar con las amigas de su abuela. Eso ya lo estaba haciendo la policía. Cerró la puerta del auto y después de unos segundos, se apoyó en el volante.

¿Dónde estás abuela? — preguntó.

Eran casi las seis y media de la tarde, el sol se estaba escondiendo. lo que generaba aún más, ansiedad en Franky. Golpeaba su cabeza contra el volante buscando alguna explicación. Se sentía culpable de la desaparición de su abuela, no había llegado a la hora que habían quedado, ella dijo doce y no pudo cumplir. Se sentía como un cretino, completamente responsable de lo que estaba pasando. A este punto, estaba seguro que algo había pasado con Delia, ella no desaparecería así por así, no estaba en condiciones físicas de hacerlo, aparte que era imposible que ni siquiera hubiera avisado. Entonces, mientras apoyaba la cabeza en el volante lamentando haber tardado esos 11 minutos, vio en el piso algo que se le había caído del bolsillo. En el piso, cerca de los pedales de aceleración y freno, estaba aquel pequeño papel, con una dirección anotada, que le había dado Cindy, la hija del dueño de "Servicio Técnico Soom". Recordó entonces, primero aquel auto sin placa que le había llamado la atención después de dejar a su abuela. Segundo, dos sujetos, que podrían haber sido los mismos que estaban en aquel auto sin placa, entraron en "Servicio Técnico Soom" y hablaron con Cindy. ¿Podría haber alguna conexión? De por sí, ya era muy extraño que aquella hermosa chica le entregase un papel con una dirección. No creía que ella viviría entre Calle 800 y 810, era una zona realmente alejada de la ciudad, casi una zona rural, a las afueras de CIUDAD 3. No sabía si aquella dirección tendría algo que ver con su abuela, pero era mejor a no hacer nada. Cargó gasolina y se dirigió dónde aquel misterioso papel le indicaba.

"Calle 800 y 810, Número 601"

6

Logró hacer el recorrido en poco más de una hora, era mucho menos de lo que esperaba, había sobrepasado el límite de velocidad en cada una de las autopistas, en este momento ya nada importaba. Un par de veces, se perdió y entró por un par de calles sin salida, a la tercera, cuando el reloj marcaba las ocho y doce de la noche, había logrado dar con la dirección correcta. El lugar parecía ser un enorme terreno con una formidable entrada, había muchos árboles y todo tipo de plantas, al final del camino de tierra de la propiedad, se encontraba una gran casa. Una mansión hermosa, tenía muchos años, pero continuaba siendo imponente. En la entrada estaba una rotonda para que estacionen los coches, fue ahí donde vio estacionado aquel mismo auto azul oscuro sin placa que, había visto más temprano ese mismo día; supuso al verlo que estaba por buen camino.

Todas las luces estaban apagadas, pero todo indicaba que había gente dentro. Parqueó y bajó del coche a la puerta de la mansión estaba abierta.

Entró suavemente, todos los pisos eran de madera, por lo que cada paso provocaba un pequeño chirrido. — ¡¿Hola?! — Se produjo un eco en la casa, estaba totalmente vacía, ni muebles ni adornos. — ¡¿Abuela?! — No había respuesta. Del piso de arriba se escuchó un chirrido de la madera, tenían que ser ellos. Subió entonces las gradas en espiral de aquella mansión, llegó al segundo piso y no vio a nadie. Continúo caminando y vio que la puerta de una de las habitaciones estaba abierta, cuando entró, vio que, en el fondo del cuarto, estaba una pizarra con muchas fotos. Eran de Robert Mareca, fotos de hace muchos años y también muchas actuales. Estos sujetos al parecer, igual estaban tras Mareca. Seguramente me relacionaron con él cuando fui por su casa, todo es un malentendido. — pensó Franky. Escuchó que alguien cerraba la puerta.

7

—Franky…Franky…Franky…Franky…Franky…Franky. —
—FRANKY. — Una voz un poco robótica, como si saliese de un megáfono se distinguía de las demás que ya se estaba acostumbrando a escuchar. Poco a poco abrió los ojos, sentía el gran golpe que acababa de recibir. Recordó el frío aluminio del bate con el que le pegaron. Ahora, estaba amarrado a una silla con una mordaza en la boca. El lugar era como una pequeña sala de reuniones o entrevistas, frente a él veía la silueta de un hombre tras un vidrio casi negro. Supuso que era él, el que estaba hablando.
— Creo que te estarás preguntando qué haces aquí. — Dijo la voz.
— Supongo que viste mi nombre en la tarjeta que te entregó Cindy.
— Si lo hubiera visto, era el Sr . F. También lo había visto en alguno de sus sueños, según recordaba, era un criminal o mafioso que estaba fugitivo. — Justamente, si ya sabes quién soy, sabrás entender porque me mantengo fuera de la vista. — Claro, los criminales jamás quieren ser vistos, al menos al principio. — pensó Franky. La tela que habían usado a modo de mordaza, seguramente la habían usado para limpiar baños. Tenía un sabor horrible. Deseaba poder hablar y así intentar convencerlos que él no tenía nada que ver con

Mareca, aclarar el malentendido e irse a casa con su abuela. — Mira Franky, las cosas que yo sé, van más allá de tu entendimiento, así que, por tu bien, espero que no me mientas en las preguntas que voy hacerte. — La voz salía muy distorsionada por aquella bocina. — En tu mano derecha, tienes un switch el cual, cuando quieras decir que sí presionaras, si no lo haces, supondré que tu respuesta es no, ¿entiendes? — Sintió el botón en su dedo y lo presiono. — Tzzzzz —

— Muy bien. — dijo el Sr. F. — entiendes rápido. —
— Tu nombre es Franky Warner. ¿cierto? —
— Tzzzzz   Franky pensaba decir la verdad así que presiono el botón.
— Tienes 22 años ¿no es así? —
— Tzzzzz   Estaba bien informado.
— Muy bien. Creo que ya entendiste como funciona.   La voz era distorsionada pero serena, mientras, Franky veía firmemente la silueta tras el vidrio que permanecía inmóvil. En el cuarto solo había unos cuantos asientos más y una mesa, sobre la cual, estaba la bocina de la que salía la voz. En frente a Franky estaba aquel vidrio con un tinte bastante oscuro para que no se viese quién estaba detrás, únicamente su silueta. — Franky ¿Sabes por qué estás aquí? preguntó.
— ...   Franky no tocó   el botón.
— ¿No lo sabes? ¿Seguro? —
— ... — Realmente creía no saberlo.
— Antes que nada, supongo que debes querer saber si tu abuela está bien. ¿No? —
—Tzzzzz— Estaba en parte aliviado de saber que ellos tenían a su abuela. Espero no le hayan hecho nada. —Pensó.
— Ella está bien Franky, no debes ponerte tenso, si respondes sinceramente las preguntas, tú y la Sra. Delia se irán tranquilamente. Sólo depende de ti. ¿Qué te parece   ? —
— Tzzzzz —
— En caso que no me creas, aquí tengo un intercomunicador con

uno de mis ayudantes, él se encuentra con tu abuela… Dejen hablar a la señora. — dijo.

— ¿Franky? ¿Estás ahí? — Era la voz de su abuela. Debajo de la mordaza intentaba gritar, responderle a su abuela. — Estoy asustada hijo. Sácame de aquí. —Tzzzzz

—Tzzzzz. Tocó el botón tres veces, mientras intentaba gritar, pero la mordaza no se lo permitía. Lágrimas empezaban a caer por su cara.

— Franky, tranquilo, no pasará nada con ella si cumples con tu parte. — Dijo la voz encubierta del Sr. F. — ¿Empezamos? —

—Tzzzzz. Las lágrimas aún corrían por sus mejillas.

— Franky, ¿Conoces a Robert Mareca? —

—…Franky en realidad apenas lo conocía.

— ¿Estás seguro Franky? — Preguntó. — Sabes que con decir una palabra puedo hacer que le pasen cosas muy malas a tu abuela. ¿no? — Franky otra vez empezó a respirar agitadamente, intentaba hablar mientras seguía llorando. — Te preguntaré una vez más Franky, ¿Conoces a Robert Mareca? —

—…Tzzzzz Tardó un momento en presionar el botón.

— ¿Estuviste ayer en su casa? —

—Tzzzzz— Me estuvieron siguiendo pensó.

— Esperaste que se fuera y entraste por una de las ventanas ¿cierto? —

—Tzzzzz. Franky empezaba a asustarse.

— Tranquilo Franky, no nos importa que violes un par de reglas. La voz poco a poco cambiaba, se distorsionaba y el tono parecía ir bajando. — Tengo entendido que encontraste unas cuantas cosas interesantes. — No encontré ni mierda, no había nada interesante. — pensó Puede que para ti lo que encontraste no tenía ninguna relevancia.

— Era justamente lo que Franky creía Pero para mí, lo que viste o no en aquella casa, vale mucho. — dijo. — Franky, Tengo entendido que encontraste un libro ¿verdad? —

Cómo sabía que vi un libro. — se preguntó. — Cómo no pude darme cuenta de que me estaban siguiendo.
—Tzzzzz—
— Que tenía aquel libro. ¿era un diario? —
— ... —
— Es verdad, no era un diario, era un libro de recuerdos ¿Verdad? De tapa negra si no me equivoco.
— Tzzzzz — Seguramente tenían cámaras en casa de Mareca.
— Entonces Franky, las fotos de aquel libro, ¿mostraban a Mareca? —
—Tzzzzz—-
— ¿En alguna de las fotografías Shaw estaba acompañado? —
—Tzzzzz—-
— Por casualidad, ¿las personas que lo acompañaban eran, una mujer y una niña de unos 4 años? —
— Tzzzzz—- Era verdad, era precisamente lo que había visto. Estaba realmente confundido, hasta qué punto llegaba la información que tenía este sujeto, se preguntó.
— Si supusiste que era su familia, estabas en lo correcto. — Justamente creyó que era su esposa e hija. — ¿En alguna de las fotografías, la mujer que estaba con Mareca, es decir, su esposa, estaba embarazada? —siguió.
—Tzzzzz—- Una de las últimas fotos, justamente, mostraba a la que suponía que era esposa de Mareca, embarazada.
— Franky, seguramente te estarás preguntando el porqué de tanto interés en Mareca. Bueno para que sepas, creemos que en realidad él no es quien dice ser, y, ahora con la información que nos vas revelando, podemos llegar a verificarlo. — Vaya, este Robert Mareca sí que tiene enemigos. — Pensó Franky. — Franky, escucha, ya estamos llegando al final, unas cuantas preguntas más y todo habrá terminado. Así que te pido que no te desconcentres. — Pasaron unos segundos y volvió a hablar. — Franky. — La voz ahora era realmente profunda, había cambiado mucho desde que inició el interrogatorio.
— ¿No te hizo sentir un poco decaído el hecho que al igual que esa

señora esposa de Mareca, tu madre estuviese embarazada el día que murió? — La pregunta era realmente desconcertante. Todo empezó a venirse abajo, el mareo era más intenso que nunca y sus manos empezaron a temblar. — ¡¡Responde!! — Gritó la voz, ahora parecía estar mucho más agresiva y violenta; sin embargo, el sujeto tras el cristal permanecía quieto.

—Tzzzzz—- No sabía cómo, aquel sujeto podría saber eso, es más, ni él mismo Franky sabía si aquello era verdad o no. Confundía el recuerdo con un sueño. Se sentía aturdido y con una mezcla de sentimientos

— Dime, también te hacen sentir mal aquellos dos muchachos de la universidad. ¿Cierto?

… Dan y Nick. — La voz parecía salir directamente de las puertas del infierno.

—Tzzzzz—-

— Eso imagine. — Dijo. — Y qué me dices de aquella muchacha… Sarah. Qué me dices de lo que viste tras aquella puerta roja. ¿Te dolió? — Franky no quería reconocerlo, pero ya sabía que no podía engañar al Sr. F.

—Tzzzzz. Franky estaba con lágrimas en los ojos, había tocado temas muy delicados.

Se lo notaba desesperado e intentaba respirar por la boca, cosa que la mordaza no le permitía. No entendía cómo el sujeto tras el cristal tendría tal información.

— Franky. Traté de advertirte, pero no me hiciste caso, pero ahora te pregunto ¿Quieres venganza? — Quiero venganza. — se preguntó Franky a sí mismo. Contra aquellos dos muchachos de la universidad, claro que sí, pero qué tal de Sarah, no lo sabía.

— … —

— ¿No quieres venganza Franky? — Preguntó el Sr. F, luego sonrió un poco. Hasta qué punto tienes que llegar, para darte cuenta de que dar la otra mejilla no es la solución. Pero Bueno ya no importa. — La voz parecía volver a la normalidad, como cuando empezaron

las preguntas. — Ahora Franky, te haré una última pregunta, uno de mis ayudantes pasará a quitarte la mordaza, y responderás con la verdad. ¿Entiendes? —-
—Tzzzzz—-
— Franky. Me informaron que aparte del libro, también encontraste un par de cheques.

¿Es cierto? —-
—Tzzzzz—-
— ¿Viste quién era el destinatario del cheque? —
— Tzzzzz   No creía que fuese importante, pero lo recordaba era una familia de apellido
Ramírez.
— Y también viste la ciudad a la que estaba destinado aquel cheque. ¿Verdad? —
—Tzzzzz. Si lo había visto era CIUDAD 1.
— Está entrando mi socio, te quitará la mordaza y dirás el apellido de la familia y ciudad a la cual estaba destinado aquellos cheques
Entonces se escuchó que alguien abrió la puerta, entró también un olor raro, como de humedad. Desde atrás sintió que alguien desataba la mordaza.
— Ramírez en CIUDAD 1. — Dijo Franky. Giró la cabeza cuanto pudo para ver atrás, y estaba uno de los hombres de traje que había visto anteriormente donde fue a recoger el lente de su cámara. Cuando volvió a ver el vidrio, la silueta del hombre que estaba atrás, ya no estaba.

8

— No necesitamos que diga nada, lo llevaremos con su abuela. — Interrumpió el hombre de traje antes que Franky hablara, mientras lo desataba de la silla. Salieron del cuarto y vio que se trataba de una de las habitaciones del segundo piso de aquella mansión. El otro hombre de traje, estaba parado a un lado de la puerta de la que salieron. Entonces escoltaron a Franky hasta el primer piso, uno iba guiando y el otro se quedaba atrás. Llegaron a una puerta, no encendían las luces de la casa, aparte que estaba completamente vacía, por lo que, la iluminación escaseaba. La puerta estaba casi bajo las escaleras, era previsible que era la puerta del sótano. El guardia que estaba detrás de Franky, sacó una llave de su bolsillo, hizo a un lado a Franky para pasar y abrió la puerta.

— Bueno aquí estamos. — dijo. — Después de usted. — El hombre que sostenía la puerta invitaba a Franky a que pasara al sótano. El interior de aquel lugar era completamente oscuro, no se veía nada más allá que un par de escalones abajo. Franky empezó a caminar lentamente, pero con mucha desconfianza. Entonces paró por un momento antes de entrar en la puerta.

— ¿Cómo sé que mi abuela se encuentra ahí abajo? ¿Cómo sé que no es una trampa? — Dijo Franky.

— Dejen hablar a la anciana. — Dijo uno de los hombres de traje a su intercomunicador que tenía en la mano.

— ¿Franky? — Era ella, Delia.

— ¡Abuela! —

— Sácame Franky, está muy oscuro, tengo miedo. — Dijo su abuela. Tuvo un arrebato, tenía que entrar. No se veía nada y Franky, aún estaba dubitativo en bajar aquellas oscuras escaleras, había algo que le decía que no debía hacerlo, pero también necesitaba rescatar a su abuela. Ansioso se quedó un momento viendo la oscuridad en las gradas.

—¿No va a bajar? ¿No ve que su abuela está justo frente a usted? — dijo el hombre que continuaba sosteniendo la puerta.

Escuchar esas palabras, le dieron un poco de lucidez, como que lo despertaron por un momento. Recordó que había escuchado la frase "A veces la persona que estás buscando no está en frente, sino detrás", no sólo una vez, sino que parecía que se la habían estado repitiendo constantemente en sus sueños, seguro tendría algún significado. Primero se la dijo Alex en aquel sueño que no podía encontrar a Sarah, de igual forma, aquel anciano le dijo exactamente lo mismo antes de subirse a ese bus sin destino. Por último, recordó al oficial, cuando fue a denunciar la desaparición de su abuela, aunque no se lo había dicho exactamente, lo que quería dar a entender era lo mismo. ¿Estaré soñando? — se preguntó. Todo le indicaba que así era. Entonces tomando control sobre la pesadilla, mientras los dos sujetos de traje le indicaban que entrase en aquella oscura puerta, se dio la vuelta. "La persona que estás buscando no está enfrente, sino detrás." — pensó.

Viendo tras él, vio aquella silueta que lo había estado siguiendo en sus sueños, la misma que estaba tras el vidrio hace un momento. Poco a poco salía de la sombra y mostraba su verdadero rostro. Para la sorpresa de Franky, él se vio reflejado en aquella presencia. Tenía el pelo un poco más largo, la barba crecida y claramente, se percibía la oscuridad y el odio que emanaban de sus ojos. Sin embargo, aparte de aquellos pequeños detalles, era él, era Franky y estaba sonriendo diabólicamente. En ese momento empezó a marearse intensamente. Fue entonces que el Sr. F, es decir, aquella sombra, aquella oscuridad, el reflejo de todo lo sombrío en Franky, hizo una mueca. Su boca se abría más de lo físicamente posible y un humo negro salía de ella, igualmente sus ojos se empezaron a agrandar y el mismo humo negro salía de ellos. La imagen era tan perturbadora, que Franky quedó en trance, tal cual como lo había hecho anteriormente en muchas de sus pesadillas.
—Franky…Franky…Franky…Franky…Franky…Franky. —

Las voces estaban más cerca que nunca y el Sr. F se le abalanzó empujándolo dentro de aquella puerta al abismo, entonces uno de los hombres de traje, le puso llave y un gran candado. Franky había sido encerrado en el sótano de su propia mente, en el sótano de su inconsciente.
— Está hecho. — dijo el Sr. F, mientras su rostro volvía a la normalidad.

10. La isla de las sombras

1

Franky había caído por ese oscuro sótano; sin embargo, sentía como si estuviera hundiéndose en un profundo mar. Poco a poco todo se iba nublando y era arrastrado hasta el fondo de su inconsciente, ahí donde no existe tiempo ni espacio, sólo abismo. Cuando creía que no había retorno, pues, las aguas lo jalaban a las profundidades, una mano que iluminaba el oscuro mar lo tomó sacándolo del agua y subiéndolo en un pequeño bote.

El agua poco a poco salió de sus pulmones y empezó a respirar, apenas pudo abrir los ojos, era de noche y aunque ahora los tenía abiertos, veía poco y nada. Estaba en un bote navegando. Frente a él, en el banquillo de la pequeña barca, un anciano remaba lenta y sincronizadamente, tenía un impermeable con capucha negra y mantenía a un lado la luz de una lámpara de queroseno. Lo reconoció cuando vio el agua entrando por sus sandalias, tal como lo había hecho en la parada de bus.

La neblina y la oscuridad de la noche no permitían que se pudiese ver más allá de unos metros de distancia. Franky se incorporó y se sentó en el banquillo trasero, el agua movía levemente el bote de madera vieja.

— Esperaba no tener verte por aquí, Franky. — dijo el anciano, era la misma voz que había escuchado días atrás. — Aunque la última vez que te vi, sabía que era cuestión de tiempo. —

— ¿Dónde estamos? Preguntó Franky. Solo veía la espalda de aquel anciano.

— Este mar es el mismo abismo Franky. Debes mantenerte alejado de él, si llegas a ahogarte aquí, quedarás en el vacío para siempre. Es el nivel más profundo de tu inconsciente y de tu misma existencia, en las profundidades de este mar, existen cosas que jamás podremos entender, lo que va más allá de nuestro razonamiento. Caer en este océano, seguramente significaría tu fin. Sólo una persona logró entrar y salir de estas aguas, fue hace mucho tiempo y después de esa vez jamás nadie lo volvió hacer. —

— ¿Cómo sabías que caería aquí? ¿por qué no dejaste que me ahogara? —

— Franky la última vez que hablamos, estabas muy confundido, casi perdido. Noté que sería cuestión de tiempo antes que el Sr. F lograse jugar con tu mente y encerrarte aquí. Así que desde aquella vez que nos vimos, me la pasé navegando estas aguas esperando el día que caerías, y aquí estás. —-

— ¿Encerrado dices? —

— Pues, sí, esto dejó de ser tan solo un sueño Franky. Por lo que veo, estarás aquí hasta que puedas hacer que el Sr. F regrese. —

— ¿Me está queriendo decir que, quedó atrapado en mi inconsciente, mientras aquel demente, está afuera? — Franky vio a lo lejos, entre la neblina las luces de lo que parecía ser una isla, como una pequeña estrella en medio de toda la galaxia.

— Sí, Franky. Y te recuerdo que aquel demente, es parte de ti. Todos tenemos alguien o algo que ocultamos, una sombra, un yo que no queremos mostrar. Algunos logran hacer las paces con su sombra, otros la conocen y les gusta tanto esa parte, que se inclinan completamente a su oscuridad. Pero hay otros, como tú Franky, que intentan pretender que ese otro yo, no existe, reprimiendo aquella parte de sí mismos de manera que jamás pueda ser escuchada. — El anciano continuaba remando, parecía saber bien donde iba. — Pero todo lo que en el interior hierve, en el exterior explotará. —

Franky estaba asustado y confundido, nunca creyó que podría quedar encerrado en sí mismo. Sin embargo, existen muchas personas que viven algo similar, que son esclavos de su inconsciente, pues, nunca quisieron ver dentro de ellos mismos, nunca quisieron enfrentar la pelea más importante, la pelea con uno mismo.

2

Bajaron donde Franky había visto aquellas luces. El anciano ató su bote en el muelle, bajó la lámpara de queroseno y empezaron a entrar en la isla. El lugar estaba realmente oscuro y solamente se guiaban con la luz en la mano del viejo. Franky aún no había podido verle el rostro completamente, aparte de la capucha que cubría parte de su cara, él parecía siempre estar camuflado en la noche.

— Estamos entrando a la isla de las sombras Franky. La isla de tu inconsciente — El anciano caminaba con su bastón por delante- — Esta isla pertenece únicamente a tu inconsciente, el resto del océano, justamente es tan peligroso, por el hecho que va más allá de tu ser. Algunos lo llaman inconsciente universal, otros dicen que bajo esas aguas están las puertas del infierno o la morada del mismo diablo, de todas formas, lo único que es realmente verdad, es que, en esas aguas existe algo que jamás podremos entender. Aun para mí el océano es intransitable, fue un gran peligro navegar por ese sombrío océano tanto tiempo, pero tenía que hacerlo, para no perderte. —

— ¿Quién eres? — preguntó Franky, realmente consternado.

— Franky, ya habrá tiempo para conocernos, por ahora debes evitar que el Sr. F tome control sobre tu vida. — Franky ya había entendido lo que estaba pasando, aún no lo creía, pero lo entendía.
— Ahora que salió, intentará quedarse. Eres como un invitado en tu propia mente. —

— ¿Qué quiere el Sr. F?

— Quiere hacerse escuchar, Franky. — El sujeto nunca es consciente del proceso de represión hasta el punto de manifestación, el cual ocurre siempre mediante sueños, lapsus o síntomas físicos/psicológicos. — Quiere liberarse de aquello que lo aflige. —

— ¿Qué es lo que lo aflige? — preguntó Franky.

— Eso es justamente lo que debes encontrar. — Respondió el anciano. La neblina persistía mientras entraban en la ciudad de la isla. Había pocos faros en las calles y la luz que emanaba realmente alumbraba poco y nada. En las veredas descansaban pequeñas viviendas antiguas con anchos muros de yeso blanco, todas eran parecidas entre sí, al punto que era casi imposible reconocer una de la otra. — El Sr. F volverá cuando el cuerpo tenga que dormir, en ese momento él entrará en la isla de las sombras, así como tú lo hacías cuando soñabas; sin embargo, estoy seguro que lo evitará a toda costa, al menos, hasta que logre algo de lo que quiere hacer ahí afuera. — El anciano seguía con la linterna en la mano y caminaba sin parar, parecía saber dónde iba. — De todas formas, no creo que debas esperar a que duerma, pues, todo el momento que está en tu consciente, puede cometer todo tipo de actos que tú no realizarías. — Lo que le dijo el anciano, le hizo sentir que larvas subían por su espina dorsal y viendo el sombrío lugar en el que estaba, los escalofríos aumentaban. — Si quieres que El Sr. F vuelva, debes encontrar qué es lo que lo estuvo enfermando todos estos años, debes encontrar aquello que él oculta, hasta de ti.

—

— ¿Cómo encontraré aquello que esconde? —

— Precisamente te llevaré donde él habitaba mientras estaba aquí. Tiene que haber dejado algo que pueda darte una pista. Algo que pueda llamar su atención para que tenga que volver. — El anciano continuaba caminando, todo estaba cerrado y las ventanas, estaban tapadas con algo por dentro. Mientras Franky veía las puertas de la ciudad, sonidos muy extraños pero ligeros, provenían de detrás de ellas.

—¿Qué hay detrás de estas puertas? — preguntó Franky. Las calles y casas, daban la impresión de que el lugar era un laberinto, todas eran prácticamente iguales y sin señalizaciones. Parecía una isla abandonada hace ya mucho tiempo.

— Detrás de esas puertas, viven demonios. Pero no me refiero a espíritus malignos que vienen del infierno o enviados por Satán, me refiero a los demonios que poco a poco fuiste alimentando en estos años. Algunos de ellos son más fuertes que otros, claro; sin embargo, todos provienen únicamente de ti. Son tus demonios internos, Franky, los que viven tras esas puertas. De todas formas, sólo mantente apegado al plan, traer al Sr. F de vuelta antes de que sea muy tarde. —

3

Franky estaba perdiendo la cabeza, creía estar dando vueltas por el lugar, de todos modos, el anciano continuaba caminando las calles sin dudar. Cerca de una esquina que parecía ser igual a todas las demás que habían pasado y siguiendo al anciano, llegaron al centro de la isla. Supuso eso, pues, había una rotonda en medio, un parque central y frente a él, una edificación mucho más grande y formidable que todas las demás. Parecía ser un lugar importante de la isla.

— Esta es la biblioteca de recuerdos Franky, aquí están cada uno de los recuerdos que quedaron grabados en tu inconsciente. Puedes venir aquí si necesitas rememorar algún evento, de todos modos, es mejor que por ahora no entres aquí. Recordar puede ser mucho más destructivo que mantenerlo olvidado. — Los recuerdos pueden ser de doble filo, por lo que sería mejor no intentar abrir ningún trauma pasado sin motivo aparente.

Franky estaba seguro que el lugar era una distopía, todas las calles eran más oscuras que la anterior, la biblioteca que señaló el anciano igualmente parecía estar consumida por las sombras y ahora que se alejaban, las calles volvían a parecer un laberinto. Muros de yeso, puertas cerradas y ventanas cubiertas. La noche y la nebrina no habían mermado en ningún momento, por lo que Franky estaría perdido si no fuese por aquel anciano que lo guiaba.

— Sabes Franky, este lugar no siempre fue así, hubo días felices, días llenos de luz. Casi olvido aquellos tiempos, pero aún queda una esperanza en mí de   que esta isla vuelva a ser lo que alguna vez fue. — Mientras el anciano hablaba, Franky pensaba en como el Sr. F, había estado intentando tomar control sobre su conciencia. Ahora que lo había logrado, Franky recién se daba cuenta de los "síntomas" antes que esto pasara.

Las constantes pesadillas, coincidencias entre realidad y sueños, la constante persecución y el hecho que se había estado sintiendo inconexo, siempre confuso y mareado, creía que habían sido advertencias de lo que se venía. Sin embargo, había algo que todavía no tenía sentido, una pieza que aún no encajaba.

Siguieron y llegaron donde los caminos de piedra y adoquín terminaban, entonces entraron en un camino de tierra que descendía. Parecía no haber ya casas ni otras edificaciones cerca, se estaban alejando de la ciudad y entrando en los lugares más remotos de la isla. La tierra estaba húmeda y mojada; sin embargo, el anciano, de quien Franky aún no había visto sus ojos, solo aquella barba prominente que le cubría las mejillas y el mentón, seguía con la capucha y parecía nunca ver directamente a Franky. Bajaron hasta que llegaron a las afueras de un bosque y el viejo se detuvo. Seguramente es el lugar más sombrío de la isla, pensó Franky.

4

— Aquí nunca sale el sol, la noche es permanente y la neblina sustituye al aire, pero, el bosque que ves enfrente, realmente es la parte más oscura de toda la isla, lo llaman el "bosque muerto", pues, ahí, todo está marchito, en descomposición o apunto de estarlo. Aunque no parece muy grande, te aseguro que es muy fácil perderse y quedar atrapado en él para siempre. — El anciano veía fijamente el interior del bosque, pero sin entrar en él. — Franky, escúchame con atención. Aquí los niveles más profundos se encuentran en los lugares más bajos de la isla, uno de esos lugares es este bosque. Seguramente el Sr. F escondió todo lo que no quería que veas. Debes buscar lugares bajo el suelo, sótanos, cavernas, cosas así, es decir, intenta llegar lo más profundo que puedas, claro, sin entrar en el océano.

— Por qué me lo dices como si lo tendría que hacer solo. ¿Tú no vienes? — preguntó Franky. De alguna forma, el anciano, del cual había visto únicamente parte de su cara, le traía paz en medio de "la tormenta". No quería que se fuera, más que todo, porque tenía miedo de entrar en aquel bosque sólo .

— Franky, hace mucho tiempo tuve un encuentro muy cercano a la desaparición en este bosque. Yo ni nadie aquí puede entrar en él; sin embargo, tú aún tienes luz en tu interior, aún las sombras no te consumieron. Si tú no puedes, nadie podrá. Es tu única opción — Entonces, el anciano entregó la lámpara de queroseno que llevaba en su mano izquierda a Franky. — Toma, la necesitarás más que yo. — Dijo. — Ahora escúchame, no tengo una ruta que debas seguir, tampoco conozco lo que hay ahí dentro, pero debes ser valiente. Seguramente mucho de lo que vayas a encontrar, abrirá cicatrices que creías cerradas, pero debes mostrar tu coraje Franky. Hoy debes perder el miedo a lo desconocido, si logras vencerlo, todos los demás miedos desaparecerán junto con él, pues, no hay mayor temor que el miedo a la incertidumbre. —

Desde las afueras, el interior de aquel lugar era un misterio, apenas se podía ver los primeros árboles marchitos en los inicios del bosque, lo demás, era penumbra. — Debes buscar la luz entre toda esa oscuridad y poco a poco, el camino se te irá revelando, si no es así, te perderás en el bosque y este se convertirá en tu nuevo hogar. —El anciano tomó una pausa y siguió. — Bueno Franky, cuídate. —
— Espera. — interrumpió Franky. Hasta ahora aquella pieza faltante seguía rondando su cabeza. — Aquella noche en la parada, antes de que usted entrase en el bus, me dijo que debía

buscar a Robert Mareca y justamente antes de que cayese aquí por aquel sótano, el Sr. F, me hizo muchas preguntas respecto a ese mismo sujeto. Estoy seguro que tiene que ver en todo esto. Por eso le pregunto, ¿Usted sabe quién es? —

— Seguramente está relacionado con Franky, no lo dudes, pero aquella noche te mencioné aquel nombre simplemente porque sabía que era algo que estaba latente tanto en el Sr. F como en ti, antes que te lo dijera, tú ya habías sentido curiosidad por saber quién era ese hombre, yo te di el valor que necesitabas para investigar más. De todas formas, la verdad es que no sé quién es Mareca, es más, creo que ni el Sr. F sabe quién es, aunque así lo crea. —

— Precisamente el Sr. F me dijo que Mareca, decía ser alguien que no era, que en realidad era otra persona, alguien que estaban buscando dijo. —

— Franky la información que necesitas tiene que estar dentro de este bosque, yo no sé nada más, pero supongo que si descifras quien realmente es Mareca para el Sr. F, podrás estar un poco más cerca de recuperar el control de tu mente. — dijo el anciano. Franky aún tenía muchas preguntas, pero sabía que por ahora no tenían respuesta.

— Franky, cuídate, recuerda que el poder está en tu interior, confío en ti y espero verte pronto. — Al decir esas últimas palabras, el anciano dio vuelta hacia Franky, aún no se podía ver completamente su cara, pero pudo ver un poco de aquellos misteriosos ojos que habían estado ocultos todo este tiempo. Era raro pues, creía ya haberlos visto antes. Aunque la luz no ayudaba, parecía que el anciano era tuerto, mientras uno de sus ojos resplandecía en la noche tras la capucha, el otro simplemente no estaba ahí, fue entonces que recordó que ya lo había visto en las afueras del Hotel Bella Muerte en uno de sus sueños pasados.

— Franky, solo tú puedes salvarte de ti mismo. — Agregó el anciano mientras giraba en sentido contrario al bosque muerto y, empezaba a subir el sendero de tierra por el que habían llegado. Franky, no había visto completamente a aquel viejo; sin embargo, aquel ojo resplandeciente en medio de la noche, le dio paz por un momento, un pequeño sentimiento de familia, de hogar, que necesitaba. Por último, el anciano desapareció en medio de la neblina y quedó Franky, en las afueras de aquel bosque donde habitó el Sr. F, sin nada más que hacer, que entrar en él y así lo hizo.

11. Sr. F

1

El Sr. F despertó, imágenes de Franky adentrándose en lo que era antes su bosque, pasaban frente a él, rápidamente decidió no prestarles mucha atención, pues, por fin estaba donde quería. Tenía prisa, tomó un jean y salió de la habitación. Una vez en el baño se vio en el espejo, era Franky, pero tenía una gran sonrisa diabólica, igualmente el iris de sus ojos había cambiado de tono, ahora era un castaño oscuro, casi negro. No era algo que mucha gente pudiese notar, solamente aquellos que conocían bien a Franky. Se estaba dejando la barba, el pelo le había crecido un poco y había perdido peso. Realmente a los ojos de un desconocido, podría ser confundido con alguien con una enfermedad terminal, su tez pálida y grandes ojeras alertaría a cualquier doctor. Tenía un aire distinto al caminar, mostraba una postura más decidida. Sin embargo, aparte de todos los detalles que habían cambiado en el físico de Franky para convertirse en el Sr. F, lo que más llamaba la atención, no era tanto un rasgo físico en sí, era algo que se sentía en su mirada. Mucha gente dice que la ventana del alma son los ojos, que los ojos nunca mienten, pues, al parecer es verdad, aquella mirada no era Franky, ¿o sí?.

Apurado, volvió a la habitación, tomó una sudadera negra con capucha y cubrió su cabeza con ella. Antes de bajar por las gradas, de entre un par de calcetines, sacó el dinero que Franky había estado ahorrando las últimas semanas, no era mucho, pero serviría para su objetivo.

— ¿Franky? — era Delia, estaba parada casi en el final de las escaleras bloqueando el paso. — ¿Dónde vas? —

— A la universidad abuela. Estoy tarde. —

— Si a la universidad, lo sé, pero …— Dijo, estaba notablemente preocupada y su rostro reflejaba pocas horas de sueño. — Te noto muy raro, y estos últimos dos días apenas te vi una vez. Y estabas borracho… Franky mírame ¿Estás Bien? — preguntó.

— Mejor que nunca abuela, déjame pasar que llegaré tarde. — Mientras respondía evitaba el contacto visual con su abuela y se escondía tras la capucha.

— Franky, mírame a los ojos. — Dijo Delia y con una de sus manos, lo tomó por la mejilla delicadamente, únicamente para hacer contacto visual. Entonces el Sr. F, levantó la mirada, y agarró la mano que lo tomaba, le dio un apretón y la soltó violentamente. —

¡Franky! — Grito Delia mientras empezaba a llorar. Había quedado perturbada. Aunque no le había hecho realmente daño, al menos no físico, se quedó sin palabras y paralizada mientras el Sr. F, salía por la puerta. Lo que realmente la había alterado era que, el pequeño momento que el Sr. F la vio a los ojos, ella no reconoció a su nieto, había visto algo realmente maligno y al ser tan religiosa, pensó que había visto al mismo diablo.

2

El Sr. F, por fin era libre, no era parte de su plan lo que ocurrió con su abuela, pero no le quedó otra, tenía que ir rápido a la universidad y no precisamente a pasar clases.

Pasó primero, por un pequeño mercado que vendía una gran variedad de herramientas y accesorios para la casa, necesitaba comprar unas

cuantas cosas. Todo entraría en su mochila así que no tendría problemas.
— Una cinta adhesiva grande…y… una caja de herramientas. Haber…
— La señora que atendía el lugar estaba recién despierta. El Sr. F no quería demoras, estaba visiblemente impaciente; sin embargo, prefería no hacer ningún show, al menos no por ahora. — Son 57 billetes. — dijo.
— Por fin. — Respondió el Sr. F, sacando el dinero que había tomado del escondite de Franky. — Aquí tiene. — Azotó 60 billetes en el mesón. — Quédese el cambio. — Estaba furioso, maldita cajera. — pensó. Caminó unas cuantas cuadras lejos de aquella tienda hasta que llegó a un terreno baldío. La caja era grande y pesada y, seguramente no necesitaría la mayoría de las herramientas que portaba, entonces la dejó bajo unas calaminas que estaban, parecía hace mucho tiempo, en aquel terreno. Únicamente sacó dos herramientas, una navaja de bolsillo de una sola hoja, y un destornillador. Un caucho yacía elevado entre dos ramas, y como evaluando cuán filosa estaba la navaja, perforó la llanta un par de veces. Pasó la prueba — se dijo. Acomodó entonces la cinta y el destornillador en medio de unos libros que tenía en la mochila, mientras que la navaja, la guardó en uno de sus bolsillos traseros.

3

Estaba ya en la universidad, continuaba con la capucha en la cabeza y caminaba decidido entre los alumnos.

Se dirigió a uno de los sectores de descanso, donde frecuentaban Nick y Dan. Los vio sentados en un banco viendo a unas chicas que estaban cerca. No tenía un plan específico, pero seguro que los sorprendería. Se paró en medio de ellos y las muchachas que estaban observando, interceptando la vista. Los veía a ambos, ya no estaba sonriendo, sus ojos; sin embargo, saltaban de la emoción.
— Hey espantapájaros, ¿qué mierda tienes? — Dijo Dan, mientras reían ambos. — Muévete, hoy no tengo ganas de enterrarte vivo. — Agregó. De todos modos, el Sr. F continuaba parado viéndolos

fijamente. — ¿Qué le pasa a este? — le preguntó a Nick refiriéndose al que pensaban era Franky. Entonces, Nick se puso de pie, mientras Dan permanecía sentado, y poco a poco camino hacia el Sr. F.

— Franky… Qué te pareció el espectáculo que presenciaste la otra noche ¿te gustó   ?, bueno al final esa chica no tenía nada especial. — Para Franky ella sí lo era. — Por cierto, espantapájaros, ¿Por qué entraste en mi habitación la otra noche, si la fiesta no era ahí? -

— preguntó. Entonces Nick se asomó al Sr. F y lo tomó por la sudadera con su mano derecha. — ¿Me querías robar? ¿eh? — Intentó elevarlo con la mano que lo tenía sujetado; sin embargo, no pudo, era raro pues, el cuerpo de Franky estaba muy flaco. Al ver que no había logrado levantarlo del suelo, lo tomó con ambas manos casi a la altura de los dos pectorales. Fue cuando el Sr. F vio que su atacante tenía la zona de los genitales descubierta. La corta distancia y el daño que podía realizar en aquella zona, conllevó a que decida, con un certero rodillazo, subirle "las bolas", casi hasta el estómago. El lugar escogido, no había sido coincidencia, quería comprometer la zona, de manera que no pueda volver hacer lo que hacía esa noche con Sarah. El gran golpe obligó a Nick a caer en sus rodillas, intentaba dar bocanadas, pues, el impacto lo había dejado sin aire. Parecía ser grave, pues, pronto empezó a llorar y vomitar. Por un momento, Nick, antes de caer, vio a Franky en los ojos, al final no sabía si había caído por el terror que vio en la mirada del Sr. F o, el tremendo golpe que recibió.

Todo ocurrió ante la incrédula mirada de Dan.

— Por dios Nick. — dijo Dan. — ¿Cómo puede ese parásito dejarte así? — Estaba decepcionado de ver a su amigo en el piso llorando por un golpe de Franky. — Bueno idiota, se me olvidaba que eras igual de débil que Franky, tendré que hacerlo yo. —

4

— ¡Espantapájaros!! — se escuchaba la voz de Dan en el bloque de administración de la universidad. El Sr. F después de dejar a Nick en el piso, había caminado hasta la edificación administrativa, era hora del almuerzo, por lo que el lugar estaba prácticamente vacío.
— ¿Dónde estás? ... solo quiero hablar un momento. — El pasillo era largo y al final de este, Dan vio a alguien entrando en la zona de los baños. Creía que sería Franky así que se apuró. Vio ambos baños, no creía que Franky hubiese entrado en el de mujeres. Ya en el baño de hombres, parecía estar vacío, Dan se agacho para ver bajo los cubículos y no vio nada, de todas formas, quiso ver tras las puertas., eran sólo cuatro. Abrió cada una sin éxito hasta que llegó a la última, creía que Franky estaría ahí. Abrió el último cubículo y no había nadie, era raro pues, había visto alguien entrando. Cuando se dio la vuelta, ahí estaba, el Sr. F. Tenía una sonrisa diabólica y los ojos consumidos por la oscuridad, este se abalanzó a Dan e introdujo la navaja que había comprado tres veces en su estómago. Aunque estaba sangrando y había caído en el piso, Dan estaba aún más perturbado por lo que había visto en los ojos de Franky que por la propia herida, más aún cuando vio la silueta del Sr. F acercándose, tenía una gran sonrisa. —- Hijo de puta. — dijo el Sr. F y escupió a Dan en la cara. Poco a poco el piso del baño quedaba manchado por la sangre derramada mientras el Sr. F salía tranquilamente. Dan se desmayó con la imagen de Franky retirándose por la puerta.

El Sr. F se alejó cuanto pudo de la universidad, sabía que tendría consecuencias, de todas formas, parecía estar muy tranquilo a pesar de lo que acababa de hacer. Mientras tanto, uno de los profesores encontraba a Dan inconsciente en medio de un charco de sangre, aún estaba con vida, pero debían auxiliarlo rápidamente.

5

Llegando a casa de su abuela, el Sr. F sabía que ella no estaría. Los lunes se reunía con sus amigas de la iglesia hasta casi las seis de la tarde, donde una de las señoras la traía de vuelta. Vio el reloj y marcaba las cuatro y cincuenta, tenía tiempo. Subió directamente al cuarto de Delia, sacó uno de los cajones del ropero y encontró una pequeña caja de zapatos que estaba escondida ahí, retiró la tapa y tomó unos cuantos billetes que estaban en el fondo de la caja y una pistola 9mm. Delia nunca había usado aquella arma, la tenía como precaución, por si alguien entraba en la casa o algo así. Se la había dejado hace muchos años su esposo, el abuelo de Franky.

Bajó de nuevo al piso principal, sabía que no podía quedarse mucho tiempo pues, la policía aparecería en cualquier momento después de lo que había cometido en la universidad. Se asomó a la mesita en la entrada, tomó las llaves del coche de su abuela y salió.
—Franky. — Dijo Sarah, estaba parada en la entrada, parecía recién haber llegado. El Sr. F apenas la vio y como ignorándola, se dirigió hacia el auto de su abuela.
— Franky. ¿Qué está pasando? — preguntó, sonaba intranquila.
— Están diciendo que hiciste cosas horribles en la universidad. — Mientras Sarah hablaba, el Sr. F metía la mochila con la cinta y el destornillador, en la maletera del auto. — Franky, puedes responder ¿por qué estás tan raro? Estoy preocupada. — Realmente parecía preocupada.
— Sabes mi padre tiene un gran abogado, estoy seguro que te puede ayudar. — El sr. F no decía nada y se dirigía a la puerta del conductor, entonces Sarah se interpuso y lo confrontó . — Franky. ¿Puedes decir algo? —

El Sr. F levantó la mirada y con una mano, tomó a Sara por los cachetes, apretando su boca. Se acercó a ella y la veía fijamente a los ojos. — Escucha, si no estaría apurado, te invitaría a mi casa para pasar un rato, ya sabes, pues, sino es para eso, no entiendo por qué estás aquí. — Una sonrisa mientras hablaba se dibujaba en su rostro. — No necesito tu lástima. — Sarah quedó petrificada viendo aquellos ojos y experimentó un sentimiento espantoso. En ese momento la sirena de una patrulla sonó cerca, lo que alertó al Sr. F, no quería que lo atrapen, no hasta que cumpla su objetivo. Entonces, agresivamente soltó la cara de Sarah provocando que cayera. Subió al auto y partió del lugar.

Sarah quedó horrorizada en el piso de la calle, no parecía ser Franky, había visto algo completamente distinto, algo diabólico, al menos eso pensaba.

12. El bosque muerto II

1

Franky entró en el bosque muerto, recordó entonces, aquella vez que, en uno de sus sueños, estuvo en el lugar. Sabía que, en medio de todas aquellas ramas marchitas, encontraría una pequeña cabaña. Seguro esa es la casa del Sr. F — pensó. Era raro, pues, no recordaba haber visto nada fuera de lo común cuando estuvo ahí. Puso especial atención a todo lo que pisaba, pues, no quería resbalar como la última vez, sin contar que la lámpara que le había entregado el anciano, alumbraba muy poco, y el bosque, aunque no era muy grande, era muy fácil perderse en él.

Caminando sin ningún destino aparente, pues, no había estado mucho tiempo la última vez como para recordar un camino, llegó a algo que invocó una imagen pasada, aquel cartel en un árbol con las palabras. "No entrar" "peligro". Ahora que no estaba siendo perseguido se acercó a la señalización, parecía haber sido escrita con sangre, o algún tipo de sustancia roja, ahora sabía que estaba cerca de la casa del Sr. F. Aunque el bosque estaba en completo silencio, era inevitable no sentir al menos un poco de desesperación por su intensa oscuridad, de todas formas, intentando descender por el bosque sin resbalar, llegó hasta la cabaña que buscaba, al parecer no había nadie. No podía esperar a que el cuerpo se canse y el Sr. F durmiese para poder actuar, sabía que tal vez para ese momento, podría suceder todo tipo de tragedias. Tenía que investigar lo que encontrase dentro de esa choza, algo que le permitiese "moverle el suelo" al Sr. F, suponía que el nombre de Robert Mareca estaría involucrado.

2

Entrando en la cabaña, le venían imágenes de aquella pesadilla que tuvo en el bosque muerto días atrás. El lugar no tenía luces ni lámparas, por lo que permanecía en las sombras. Buscaba algo que lo guie, algo que le dé alguna pista acerca de quién era Mareca y qué realmente era lo que quería el Sr. F. Revisó la cocina y pequeña sala del piso principal, no encontró nada. Vio la puerta por la que había escapado antiguamente. En aquel momento cuando subía escapando de su perseguidor (que ahora sabía era el Sr. F), al pasar por la puerta despertó del desmayo que Dan le había provocado. Ahora que el lugar estaba supuestamente tranquilo, quería saber qué había realmente tras aquella puerta del segundo piso, creía que ahí estaría lo que buscaba. Subió entonces y abrió la puerta. Había una pequeña habitación en la que se encontraba un escritorio, un librero con libros de tapa negra y una ventana de la que se podía ver muy poco por la constante noche. Se acercó primero al escritorio, no había mucho; sin embargo, en uno de los cajones, encontró fotografías. Las imágenes mostraban a prácticamente todas las personas que Franky había conocido, en la parte trasera, escrito con una pluma de lo que parecía ser sangre, una descripción de la persona que aparecía en la foto. No decía mucho de muchas personas, pues, Franky no solía hablar casi con nadie, era más que todo el nombre de la persona y algunos rasgos físicos. Aparecían personas que Franky creía olvidadas, pero ninguna era Mareca. Llegó a la imagen de Dan, decía: "Idiota. Merece ser castigado de la peor manera. Sus actos tendrán consecuencias". Vio después la de Sarah, ponía: "Linda chica que únicamente quiere una amistad, romperá su corazón. Será mejor alejarla". En el inconsciente se guardan muchas cosas y se perciben muchas otras que conscientemente no se ven, de igual manera, las personas nunca se olvidan. Es como si el inconsciente archivaría un documento con lo que cree de cada una de las personas que va conociendo y la relaciona con su imagen personal, en este caso, una fotografía.

Franky estaba convencido de que el Sr. F, intentaría cobrar venganza con su abusador, de todos modos, aún no tenía ningún tipo de información de Mareca. Siguió abriendo los compartimentos del escritorio, entonces, encontró al abrir uno de los últimos cajones, un arma, una 9mm. Para qué tenía esto el Sr. F. Se preguntó. Al verla, Franky, sintió que debía tomarla, le daría un poco de seguridad en el tenebroso lugar en el que estaba. Luego fue hacia el librero, no eran muchos libros, pero todos tenían la misma tapa negra. Abrió uno por uno y vio entonces como el Sr. F había estado planeando todo desde hace un tiempo. Tenía escrito cada uno de los sueños que iba preparando para Franky, cada escenario, cada persona, cada acontecimiento, todo estaba perfectamente planeado y con una ruta establecida.

Los sueños era la manera que el Sr. F tenía para comunicarse. En un principio vio que, en muchos de estos, le daba algún dato importante o alguna situación que debía evitar, parecía que antes cuidaba de Franky. Una de las páginas mostraba claramente como aquel sueño de la puerta roja, era un claro presagio de lo que el Sr. F quería que Franky evitara; sin embargo, no logró que así fuera, ya que Franky entró en aquella puerta de todas formas.

3

Aunque mucho de lo que había encontrado, había traído muchas luces acerca de las intenciones del Sr. F y su forma de actuar, sabía que aún no había encontrado aquello que había causado que se desenfrene y quiera salir para tomar acciones por mano propia. Parecía ya no haber nada, así que decidió bajar de vuelta al primer piso; estaba seguro que debía buscar algo más, algo relacionado con Mareca.

Una vez en la sala del piso principal, dejando la lámpara de queroseno en la pequeña mesa de la sala, se sentó por un momento, intentaba pensar qué debía hacer. Tal vez buscar en otro lugar del bosque; sin embargo, estaba muy oscuro como para encontrar algo. Pensó también en buscar nuevamente en la cabaña en la que estaba, pero era pequeña, no creía haber pasado algo por alto. Recordaba lo que el anciano de un ojo le había mencionado. Le había dicho que debía buscar lugares bajos, ya que ahí es donde se esconde lo que no quiere ser encontrando, en las profundidades. Un sótano. — Grito. El descubrimiento, hizo que, con el movimiento de uno de sus pies, golpeara la mesa en la que se encontraba la lámpara, provocando que esta cayera. Rápidamente se abalanzó y la tomó, aunque la luz no había desaparecido completamente, se dio cuenta de que la lámpara estaba perdiendo líquido que caía en el piso. Tenía claro que sin la iluminación que le había dado el anciano, su búsqueda habría terminado y él quedaría encerrado en el bosque muerto. Sin embargo, la eventualidad que parecía ser una total catástrofe, se convirtió en una ayuda para Franky. El líquido seguía un trayecto en el piso, lo extraño era que cuando llegó a cierta parte, el trayecto cambió, indicando que había un resquicio en esa parte, el sótano seguramente.

4

Moviendo un mueble antiguo, abrió la puerta del piso, el hoyo se notaba ser muy profundo, como unos quince metros y para descender había una escalera pegada a la pared. La luz de la lámpara se había disipado casi completamente dejando a Franky prácticamente en la oscuridad, pero para su consuelo, al final de las escaleras del hoyo, provenía una iluminación.

Franky empezó a descender, era como estar bajando a una alcantarilla mediante un estrecho hoyo. Tocó tierra con la punta de su pie derecho y soltó sus manos de la escalera. Vio que llegó a lo que parecía ser un centro de monitoreo, era pequeño y el material de las paredes se asemejaba al de un búnker. A un lado, sobre una mesa, había muchas pantallas juntas, todas apagadas, pero Franky estaba seguro que se trataba del mecanismo por donde el Sr. F veía todo, si era así, estaba claro que se encargó de desconectarlas o averiar todas las pantallas para evitar que Franky viese lo que él hacía en el mundo exterior. Se asomó y realmente estaban descompuestas. Al no poder dejar nada sin ser revisado, abrió los cajones que tenía la mesa sobre la que estaban las pantallas. No encontró nada excepto un mapa, y afortunadamente una linterna que funcionaba. El mapa era de la isla de las sombras. En él mostraba muchos lugares, entre ellos, el bosque muerto, así como también la biblioteca de recuerdos que el anciano había mencionado. La isla parecía estar bien reflejada en aquel plano; sin embargo, Franky tenía claro que no podía deambular por el lugar, debía tener objetivos y destinos claros. Revisando el mapa de más cerca, vio que había un lugar encerrado en rojo, era la misma tinta que usaba el Sr. F. El lugar indicado, estaba justo en las orillas del océano o en el mismo océano, era raro pues, el mar era justamente del lugar que el anciano le había aconsejado, reiteradamente, mantenerse alejado. El círculo no especificaba nada, únicamente estaba señalado. No iré ahí. —Se dijo. Realmente quería evitar entrar en el océano, había estado anteriormente ahí cuando fue empujado por el Sr. F, y sintió que estaba desapareciendo, quedando en la nada. Fue ahí que el anciano de un ojo apareció en su bote para rescatarlo y empezar con su búsqueda.

Del otro lado, pegado en una de las paredes del pequeño cuarto, estaba una pizarra alumbrada por un foco de luz medio azulada, era la única iluminación y fue lo que Franky había visto antes de bajar. En la pizarra yacían fotos de Robert Mareca. Era como un antes y después, de un lado aparecía Mareca joven, como lo había visto

Franky en el libro de fotografías que vio cuando invadió su casa; sin embargo, encima de él estaba escrito el nombre de otro sujeto, John Dee. Del otro lado de la pizarra estaban las fotos más actuales de Mareca y justamente, decía Robert Mareca. Claramente lo que la pizarra quería evidenciar era que, en realidad, el verdadero nombre de aquel sujeto en las fotografías era John Dee. Aunque Franky intentaba recordar ese nombre, no tenía nada. Quién era John Dee y por qué el Sr. F lo busca. — se preguntaba. Era muy familiar aquel sujeto, pero realmente no recordaba ese nombre ni de dónde conocía a Dee.

Fue entonces que, viendo en una de las esquinas de la habitación, vio lo que parecía ser una caja fuerte de color negro, se acercó asegurando que lo que esté dentro, debía ser importante para el Sr. F. Observó que había un teclado empotrado en el metal de la caja de seguridad con números del cero al nueve, y pedía una clave de seis dígitos para poder ser abierta. Estaba seguro que él debería saber el número que el Sr. F había configurado. Eran seis números por lo que pensó rápidamente que se podría tratar de una fecha. Introdujo el código "250997", era la fecha de su nacimiento, la máquina no se abrió, era incorrecto, intentó entonces introduciendo los números "061204", que era el día de la muerte de sus padres, pero era igualmente erróneo. No sabía que otro código podría introducir, así que dio un par de vueltas por el lugar, buscaba algún número de seis dígitos; sin embargo, no encontró nada, se acercó entonces a la pizarra y vio que Mareca, el apellido de Robert, era de seis letras, creyó entonces que probablemente el código podría estar relacionado. Cada letra tiene su equivalente en números del uno al nueve, así que a cada una de las letras de "Mareca", le asignó el número que le correspondía, por lo que introdujo "419531". Entonces la caja fuerte produjo un sonido y la puerta se separó del marco, el código era correcto. Tomó la perilla y abrió lentamente la puerta, muy curioso por lo que había, a medida que la puerta abría, una luz salía de la caja fuerte. Vio en el interior, una bola de cristal de unos diez centímetros de radio, dentro de esta, una luz blanca que no se asemejaba a nada que él había visto, realmente resplandecía. Franky se preguntaba qué era aquel objeto circular que el Sr. F había escondido, así que intentó tomarlo.

5

Había sido transportado al tocar aquel cristal, ahora estaba en un recuerdo. Era un día soleado en una playa. Estaba con sus padres en el mar, todos lucían felices, pero Franky sabía que desde aquel día jamás volvería a verlos. El recuerdo era completamente lúcido y Franky veía todo muy claro; sin embargo, no podía cambiar nada de lo que ocurría, ni alterar el curso de la memoria, únicamente era un observador. Estaban teniendo un gran día, los tres de vacaciones, disfrutando del agua casi cristalina de una playa de CIUDAD 1, un divino lugar. Vio a su alrededor y en sus pequeños brazos tenía puesto unos salvavidas, su padre le estaba enseñando a nadar, mientras Nicole, su madre, lo apoyaba como si de una olimpiada se tratase. Nadaba hacia sus padres, quienes estaban más adelante parados, el agua sólo les cubría hasta el pecho y ambos hacían señas para que Franky llegase hacia ellos. Tenían una gran sonrisa y gesticulaba   enérgicamente. El niño Franky intentaba nadar, hacía un gran esfuerzo, quería ser el orgullo de sus padres. Una vez logró llegar, su padre lo tomó de las axilas, lo levantó y lo acomodó en su antebrazo. Sus dos padres festejaban la gran hazaña que había conseguido.

— Felicidades campeón, estaba seguro que lo lograrías. — le dijo su padre mientras lo sostenía. — Aprendiste muy rápido Franky, como siempre. — Añadió. Todo el tiempo que Henrique hablaba, sonreía. Pronto se acercó su mamá, era la sonrisa más hermosa que Franky había visto, no podía recordar cuánto tiempo era que no la veía, pero ese momento creyó nunca haberla olvidado.

— Estuviste genial, Franky. — dijo su madre, mientras los tres se abrazaron un momento.

— Te amamos hijo. — dijo ella. Los ojos de sus padres reflejaban un amor puro, amor que perduraría aún después de la muerte.

Franky sólo quería hablarles, intentar decirles lo que realmente sentía en ese momento, cuánto los amaba y cuanto había extrañado pasar al menos un par de momentos con ellos, pero no podía, era un mero espectador en el cuerpo de su yo a los 7 años. No sabía si el recuerdo le traía felicidad o lo angustiaba; era difícil para él. Fue cuando empezó a llover, eran unas gotas muy suaves, pero vaticinaban una gran tormenta. La familia disfrutó un momento de las gotas y luego, al igual que todas las demás personas que estaban pasándola bien en el océano, decidieron salir del agua. — Fueron unas hermosas vacaciones. — dijo Nicole. — Lástima que tengamos que irnos. —

Henrique lo continuaba cargando, mientras la familia salía del mar, cuando el agua estaba a la altura de los tobillos, su padre lo dejó para que caminara. Sus padres se adelantaron un poco, pues, recogían las pertenencias que habían dejado en la arena de la playa, toallas, crema que protegía del sol, gafas, viseras y un par de cosas más.

Franky caminaba lentamente fuera del agua, hasta que salió completamente y, cuando ni las olas ya alcanzaban sus pies descalzos, escuchó algo. — Franky. — Provenía desde el océano, entonces giro.

De repente todo oscureció y volvió a aquel sótano en la cabaña del Sr. F. El recuerdo estaba roto o incompleto.

13. Demonios

1

El Sr. F conducía vehementemente, sabía que la policía lo estaría siguiendo después de lo ocurrido en el baño de la universidad. No tenía claro si Dan estaría vivo, pero estaba seguro de que sólo quería herirlo, no matarlo. Después de alejarse lo suficiente, estacionó en una gasolinera a unos veinte kilómetros de casa de Mareca; quería aumentar un poco el combustible pues el indicador del sedán gris de su abuela marcaba que se estaba terminando. Aledaño a la estación de servicio, había una farmacia que abría las veinticuatro horas del día. Tomó una de las mangueras y la puso en el tanque del carro, cargó lo suficiente y entró a la farmacia en la que se pagaba.

Había una persona esperando en la fila, era un señor de unos cuarenta años comprando un antiácido, lamentablemente el joven que atendía en la farmacia parecía tener pocas "luces". Eran ya casi diez minutos los que estaba esperando, al parecer tenían un problema con la marca del jarabe contra la acidez que el cliente buscaba. El Sr. F estaba teniendo problemas para controlarse y se veía notablemente en su expresión corporal.

— ¡Señor! — Gritó el Sr. F, tenía fruncido el ceño y los ojos parecían estar inyectados en sangre. El señor se dio la vuelta y lo vio. — ¡Escuche, compre ahora el jarabe o váyase de una puta vez!

— El adulto al ver la cara de Franky y su expresión, a pesar de ser un hombre de 40 años y que Franky era más bajo en estatura y peso, sintió pavor, entonces se dio la vuelta rápidamente y pagó el jarabe que le estaba costando unos cuantos billetes más que el de la marca que buscaba.

El Sr. F se acercó al mostrador, el joven encargado aparentaba ser de su misma edad, tenía los dientes chuecos y lentes muy gruesos, muy parecido al recepcionista que vio Franky en el "Bella Muerte" en uno de sus sueños.

— Amigo, serían   veinticuatro billetes. — Dijo. Entonces el Sr. F tomó un poco del dinero que robó de su abuela y pagó. — ¿Algo más en lo que le pueda ayudar? — preguntó el encargado, mientras devolvía el cambio.

— De hecho, sí. — Respondió el Sr. F. — Tengo una noche ocupada y necesito algo que pueda evitar que duerma hasta que amanezca. — Veía al encargado fijamente.

— Pues,… podría ofrecerle unas bebidas energizantes, tal vez no dejará que caiga un par de horas, pero ya sabe, puede que sí, como puede que no. —

— No es lo que necesito, debe ser algo que realmente funcione. —

— Amigo, ese tipo de farmacéuticos necesitan recetas médicas, ¿tiene alguna receta? —

— No me hagas perder el tiempo imbécil, sabes muy bien que no la tengo. — Se acercó hasta el punto de estar cara a cara con el joven de la farmacia. Lo veía con aquellos ojos que habían horrorizado a todo aquel que los veía.

— Tranquilo, mira, puede que esta farmacia no tenga lo que estás buscando, pero puede que yo sí. — Dijo el que atendía, había bajado la voz al punto de casi susurrar. — Nos vemos en diez minutos en la puerta de atrás. — Agregó.

2

Vio el reloj del coche, marcaba las ocho y once de la noche, habían pasado más de los diez minutos que dijo el encargado hasta que por fin apareció. Veía a los costados mientras se asomaba, se lo notaba nervioso. — Aquí tienes. — dijo el joven de dientes chuecos, mientras alcanzaba una pequeña bolsa. — Serían cincuenta billetes. —

El Sr. F sabía que no tenía esa cantidad de dinero, pero no podía quedar dormido, al menos no todavía. — Te diré algo, tomarás estos treinta billetes. — Dijo agresivamente. — Y darás media vuelta agradecido de permanecer con vida, — añadió, mientras mostraba la 9mm que había sacado del cuarto de su abuela.

— Si… si, tranquilo amigo…— dijo el joven asustado, rápidamente se dio la vuelta y entrando por la puerta trasera por la que había salido, no sabía si lo había asustado más la pistola o la misma presencia del Sr. F.

3

Delia ya estaba en casa, había quedado preocupada por el episodio que tuvo con Franky en la mañana, lo había comentado con el grupo de señoras de su iglesia, pero todas concordaron que era normal para un adolescente de la edad de su nieto. Estaba esperando que su Franky llegase así podrían tener una charla amena. Estaba segura de que   algo raro estaba ocurriendo y quería averiguar qué era.

Había visto que su auto, el sedán gris, no estaba en la entrada donde solía estar estacionado, era algo muy raro pues, Franky casi nunca usaba el coche. Pensó que podría haber salido a comprar algo. Es tarde, pero no tanto como para que esté todo cerrado. — pensó.

Se percató que Franky había estado en casa, por unas ligeras huellas de barro en la entrada que terminaban en las gradas. Subió tras las marcas y observó que llevaban a su habitación, cuando entró tuvo un muy mal presentimiento al ver que el ropero, donde ella guardaba una pequeña caja, con un arma y unos cuantos billetes, había sido revuelto. Y no sólo eso, toda la ropa del cajón que tenía como escondite, estaba tirada por todo el suelo, todo indicaba que alguien había buscado enloquecidamente, la 9mm que le había dejado su difunto esposo. No quería creer que el responsable era Franky, pero sabía que había sido él, pues, no sólo era el único, que aparte de ella conocía el escondite, sino también que el incidente de la mañana le confirmaba el hecho. En ese momento había notado que su nieto estaba completamente desencajado y presintió que algo malo estaba por pasar, sentimiento que le duró todo el día. Únicamente para asegurarse que el arma había sido hurtada, aunque ya sabía que así sería, se acercó donde la caja yacía botada, no quedaba nada en su interior, ni el dinero, ni el arma.

4

La imagen de Franky con la 9mm pasaba frente a ella, se sentó en su cama por un momento, estaba agitada y muy preocupada. De repente, el timbre de la casa retumbó en sus oídos y un frío recorrió todo su cuerpo, en ese momento estaba segura que quien sea que estaba llamando a la puerta, traía malas noticias, lo presentía y razones no le faltaban. Bajó temerosa, temblaba, temía lo peor. Abrió la puerta, dos policías estaban frente a ella. El corazón de Delia latía aceleradamente, casi tanto, como aquella trágica vez, que vinieron igualmente dos policías, a informarle que su hija y su yerno habían fallecido.

—Buenas noches, Señora Warner. — Dijo uno de los oficiales, era alto, de tez oscura y tenía la voz muy grave. — Soy el oficial Hernández, y el mi compañero, el oficial Davis.

— Buenas noches, señora. — dijo Davis.

— Oficiales. — Delia respiraba agitadamente mientras hablaba. — ¿Qué los trae aquí?

¿Hay algún problema? —

— Temo que sí. — dijo el oficial Hernández. — ¿Está su nieto en casa? — preguntó.

— No, él aún no llega. ¿Me puede decir que está pasando? —

— Señora, creemos que esta tarde, su nieto Franky Warner, estuvo involucrado en un asalto que ocurrió en la universidad a otro estudiante. —

— ¿Qué? — dijo Delia incrédula, empezó a temblar y marearse intensamente. Entonces el oficial Davis, quien claramente pesaba el peso máximo para ser policía, sostuvo a Delia antes que esta cayera en el piso.

— Señora Warner, ¿le importa si pasamos adentro a hacerle un par de preguntas?, es mejor adelantarnos a los hechos, antes que ocurra algo peor. — dijo el oficial Davis. Pasaron entonces a la cocina de la casa. Delia aún estaba descompensada, por lo que la sentaron e invitaron un vaso de agua de su propia jarra, esperaron un momento y cuando se tranquilizó, prosiguieron a interrogarla.

— Señora Warner, ¿sabe si su nieto tenía algo personal en contra de Dan Erics? — preguntó el oficial Hernández.

— Pues, sí, me había contado un par de veces que solía ser un abusón con él y otros muchachos. ¿Qué está pasando oficial me puede decir? — Delia sonaba realmente angustiada.

— Señora, creemos que Franky apuñaló tres veces en el estómago a Dan Eric, en el baño de la universidad. Mientras que, a otro estudiante, golpeó fuertemente al punto que tuvieron que hospitalizarlo. —

— Oficial, eso es imposible, Franky jamás haría algo semejante, debe haber alguna explicación. — nuevamente le temblaba la voz, por lo que tomó un poco más de agua. —

139

Mi nieto jamás estuvo metido en una pelea, es un chico muy tranquilo. —Agregó Delia. No quería creer que el nieto con el que había vivido tantos años, habría apuñalado a alguien.

— Señora Warner, sabemos que siempre es difícil, pero ambos estudiantes, aunque están hospitalizados, están conscientes y, ambos señalaron a su nieto como el culpable del ataque. — Dijo el oficial Davis. — Por esto es importante encontrarlo, no sabemos qué podría hacer ahora. — Delia imaginaba la imagen de su nieto apuñalando a otro muchacho, no podía creerlo, por más que decían tener pruebas.

— Oficial, ¿conoce a mi nieto?, él jamás podría hacer algo así, estoy segura que debe tener una explicación para dar, seguramente ese muchacho Dan lo atacó, como solía hacerlo, y él solamente se defendió. — Dijo Delia.

— Señora Warner, no se preocupe por eso, si es así, lo investigaremos, pero para eso, debemos hallar a Franky. — El oficial Hernández no era prepotente, trataba tranquilamente a Delia, de manera que ella pudiese hablar. — ¿Sabe dónde podría estar Franky señora? —

- preguntó.

— Realmente no, oficial. Mi nieto no salía mucho de casa ni tenía muchos amigos. — Realmente Delia no sabía dónde podría dirigirse Franky. Ella se hacía la misma pregunta. Intentaba pensar en escenarios, pero todos eran desalentadores, quizás estaba asustado y no sabía qué hacer, por lo que tomó el arma y pensaba hacerse daño con ella, o quizás había tomado el coche a manera de escapar de la ciudad y no lo vería más, era todo un misterio. — Tomó el coche y salió, no lo vi toda la tarde pues, estaba en una reunión con amigas de mi iglesia. — Se notaba la ansiedad en su voz.

— Muy bien, por favor le pediré que nos anote la placa de su coche, así podremos ubicar a su nieto. — dijo Davis mientras pasaba un trozo de papel y un bolígrafo. — Nosotros con eso podemos avanzar.

— Entonces Delia anotó la placa de su sedán gris y entregó de vuelta el papel al oficial. — Señora, ¿Notó algo raro en Franky los últimos días? — siguió Davis.

— Si oficial, en realidad, los últimos días lo noté muy ansioso y retraído, apenas lo vi un par de horas pues, salía temprano y llegaba tarde. No le presté mucha atención, pues, siempre fue un muchacho extraño respecto a los demás de su edad. —

— Cuando salía y no llegaba hasta tarde, ¿Sabe a dónde se dirigía?—

— No, oficial, no lo vi mucho estos últimos días, si lo vi raro en la mañana, pero apenas hablamos. —

— Muy bien Señora Warner, creo que eso sería todo, de todas formas, por protocolo, tendremos una patrulla cerca de su casa. — Dijo el policía Hernández. — ¿Tiene algo más que quiera decirnos? — preguntó, mientras él y su compañero se levantaban de la mesa. Delia en ese momento no estaba segura si contarles que Franky había tomado la 9mm que escondía en su ropero, temía que los oficiales podrían dispararle o herirlo.

— No oficiales. — decidió no hacerlo, creía que era mejor que no supieran que tenía un arma pues, podrían ser agresivos con él. Estaba convencida que Franky no usaría aquella arma, no el Franky que conocía.

— Buenas noches, Señora Warner, sé que será difícil dormir, pero inténtelo, llame a algún familiar o a alguien que la apoye en este momento, no creo que sea bueno para usted estar sola. — Dijo el oficial Hernández. — Nosotros nos encargaremos de encontrar a su nieto.

—

Delia quiso pararse para acompañar a los oficiales a la puerta. — No se preocupe Señora.

— El oficial Davis evitó que Delia se parase. — Conocemos la salida, buenas noches. Agregó.

Ambos oficiales salieron de la casa, entraron en su patrulla y se marcharon, mientras, Delia quedó sentada en la cocina con un sentimiento de tristeza profunda que invadía cada célula de su cuerpo.

5

Sarah estaba sentada en el autobús que recorría el trayecto B de CIUDAD 1, el cual la dejaba a un par de cuadras de la casa de sus padres. Aquellos ojos y la oscura mirada del Sr. F la perturbaron y ahora, no salían de su cabeza. Daba vueltas sobre el pensamiento de que había algo muy raro respecto Franky, no entendía cómo podría haber cambiado, tan drásticamente, de un día al otro. Parecía ser una persona completamente diferente, creía que era como ver y hablar con una persona nueva, a la que no conocía. Tenía el celular en la mano y recordó aquella foto que se tomaron días atrás, llegando a la fiesta en casa de Nick. Revisó las fotos de su celular y ahí estaba. En la imagen que había sido capturada con la cámara frontal de su celular, se veía a ambos sonriendo, le parecía desconcertante el cambio de imagen que había sufrido en unos días, pues, sus ojos parecían haber cambiado ligeramente de tono, uno más oscuro, de igual forma estaba mucho más flaco y ojeroso. Muchos alumnos de la universidad en la que estudiaban, estaban impactados por la noticia, y ella no era la excepción, hasta el momento no caía con la idea de que Franky estaba siendo buscado por la policía por intento de homicidio. Sarah esperaba no haber afectado sus trágicas decisiones.

Seguía viendo aquella foto, no había nada extraño, excepto que, en la espalda de Franky, en el reflejo del vidrio del taxi que iban, se veía la imagen clara de una silueta. Era una sombra, casi inconfundible, que estaba sujetada de su cuello, como si la llevaría cargada en sus hombros. Sarah sabía, al haber estudiado mucho acerca de fotografía, que no había mucha explicación para aquello que se distinguía en la imagen de su celular. Pensó por un momento que podría ser un fantasma o un demonio, pero lo que más la inquietaba era que aquella presencia para ella, significaba algo. No era una chica religiosa; sin embargo, creía firmemente en Dios y asistía irregularmente con su familia a la iglesia, entonces, asustada por lo que acababa de ver e intentando esclarecer un poco las cosas, decidió volver a casa de Franky a hablar con su abuela, pues, presintió que algo no estaba bien.

Bajó entonces del autobús y casi corriendo volvió a casa de los Warner.

6

Eran casi las nueve de la noche, Delia veía por la ventana de la cocina, tenía la ilusión de ver las luces de su sedán gris llegando a la entrada, que Franky bajase y le explicase la situación, que le dijera que en realidad todo esto era un malentendido, que todo lo que los oficiales habían dicho era falso. Dentro de ella sabía que aquello no pasaría, pero igualmente lo pensaba. Se sentó nuevamente, estaba segura que la noche sería larga, ni con la medicación que tomaba, no lograría dormir. Únicamente el pensamiento de Franky con la 9mm le hacía sentir pavor. Quiso llamar a una de sus amigas o algún conocido de confianza; sin embargo, se desanimó, pues, no quería alertar a nadie con los acontecimientos macabros que supuestamente, había llevado a cabo su nieto De todos modos, los noticieros no tardarían mucho en mostrar lo ocurrido, ese tipo de historias son por las que muchos reporteros se pelean, por lo que Franky aparecería en todas las pantallas de la CIUDAD 3.

El timbre volvió a alertarla, era raro pues, no había visto la luz de ningún coche asomarse, por un momento creyó que sería Franky, que tal vez había dejado el auto en otro lugar para volver disimuladamente. Se paró como si no tuviera problemas de columna, ni rodillas y caminó rápidamente con su bastón a abrir la puerta.

Al abrir vio que era una muchacha y parecía agitada.

— ¿Sí? — Preguntó.

— Señora Warner, disculpe la hora, mi nombre es Sarah. Soy amiga de Franky, ¿puedo hablar con usted? —

— Claro, pasa. — Respondió Delia, dejando entrar a la chica. Se preguntaba qué rol cumplía Sarah en los recientes eventos que involucraban a su nieto, tenía miedo de lo que la chica le iba a decir.

Ambas entraron en la cocina y Delia sirvió dos tazas del café que había preparado para pasar la noche esperando a su nieto y se sentaron.

— Dime muchacha, ¿De qué quieres hablar? — Preguntó Delia.

—Franky y yo nos conocimos hace unos días, me pareció ser un chico tranquilo y de buenos sentimientos; sin embargo, cuando lo vi hoy, antes que escapase, no parecía ser él pues, estaba muy agresivo y con la mirada perdida. Fue entonces que cuando me fui a casa, vi una fotografía en mi celular. — se notaba a Sarah asustada, aún ahora la apariencia de aquella faceta de Franky, la mantenía alterada. Se paró de la silla y se acercó a Delia con el celular en la mano y le mostró la imagen. Le señalaba aquella silueta clara de una presencia colgada a la espalda de Franky y dijo. — Sé que puede no tener mucho sentido, pero soy una aficionada a la fotografía y estoy casi segura que esto que se ve en la espalda de Franky no es un efecto de la imagen o de la cámara de mi celular. No sé si esto podría tener algo que ver con el cambio drástico en Franky, pero tuve un presentimiento de que algo estaba muy mal, por lo que vine a mostrársela. — Añadió.

Lo que le había dicho Sarah alertó de inmediato a Delia, justamente ella había vivido algo muy similar con Franky, primero, no lo había reconocido en la mañana antes que fuera a la universidad y pasará todo el incidente y segundo lo que la mantenía aún más sorprendida era que, tenía una fotografía similar en la que había visto la misma sombra colgada en la espalda de Franky cuando él tenía once años.

— Hiciste bien en venir hija. — dijo Delia. Entonces se paró con ayuda del bastón. — Espérame un momento, te mostraré algo. — Salió de la cocina y subió a su habitación. En el segundo cajón de su mesa de noche, en medio de las últimas páginas de su biblia, tenía aquella fotografía de Franky en el ático, en la cual se podía ver justamente la misma presencia que al parecer, hasta ahora no lo había soltado. Bajó entonces con la imagen en la mano y se sentó a lado de Sarah.

— Mira, esta es una fotografía que Franky tomó cuando tenía 11 años. — Puso la foto en la mesa al frente de Sarah. — Él nunca se dio cuenta, pero yo cuando la vi quedé horrorizada pues, mira…— señaló el lugar en el que aquella misma presencia mostraba estar aferrada a Franky. Delia era muy católica por lo que estaba segura que su nieto tenía alguna entidad maligna dentro, y quizás no se equivocaba.

— Entonces ¿Qué se puede hacer? — Preguntó Sarah, quien igualmente estaba intrigada y asustada por todo lo que estaba viendo, aunque ella no se había decidido respecto a sus creencias religiosas, esta vez, si creía que podía ser un espíritu el que estaba acechando a Franky.

— No lo sé hija, pero debo llamar al pastor de mi iglesia, el cura Xavier… y al oficial
Hernández. —

14. Abuela

1

De vuelta en el sótano del Sr. F, Franky estaba convencido de que lo que faltaba de aquel recuerdo, era justamente lo que estaba buscando. Él, al igual que la memoria que acababa de revivir, nunca pudo recordar más allá de ese momento en la playa. Creía no tener memoria alguna de lo que pasó esa noche, ni siquiera, imágenes del accidente o de sus padres cuando murieron, por esto, ahora también buscaba respuestas para sí mismo. La hermosa sonrisa de su madre y la paz de su padre justo antes del accidente, lo habían desestabilizado, por un lado, sentía que había vuelto a vivir un momento con ellos después de tanto tiempo, pero por el otro, le destrozaba la idea de saber que no los volvería a ver, al menos en esta vida.

Viendo el mapa, aseguró que debía ir al centro de la isla, a la Biblioteca de recuerdos, para así poder terminar de ver aquel recuerdo que había quedado inconcluso del día de la muerte de sus padres, era aquella edificación que el anciano le había mostrado cuando ingresaron en la Isla de las sombras.

La luna alumbraba el lugar; sin embargo, la gran cantidad de árboles muertos, y su gran tamaño, hacía que pasara muy poca luz hasta las profundidades del bosque. Entonces, salió de la cabaña en una mano con la linterna que estaba en uno de los cajones, y en la otra el mapa de "Isla de las sombras", puso también el revólver que había encontrado en la cabaña, sujetado con su cinturón.

El plano, le mostraba cómo recorrer el bosque de la mejor manera, por lo que llegó rápidamente a aquel árbol con la señalización de ""No entrar Peligro"", que había visto anteriormente. Todo se mantenía en completo silencio, hacía honor a su nombre, "El bosque muerto"; sin embargo, llegando a los últimos árboles, cuando casi podía ver el exterior del bosque, comenzó a sentir un gran mareo y agitación, sentía que se le cerraba el pecho y le faltaba el aire, los árboles parecían moverse y hasta los escuchaba susurrar. Casi corriendo logró salir antes de que aquel ambiente lo volviese loco.

2

Subió el sendero de tierra por el que había llegado al bosque con el anciano, pronto estaba en la ciudad de la isla nuevamente. En las primeras casas vio que ahora, alguna de las ventanas que antes desde el interior estaban apagadas, ahora se encontraban tenuemente iluminadas. Franky procuró más que nunca, caminar lo más lento y sigilosamente posible. Vio el mapa y contó 7 calles entre el lugar en el que estaba y la Biblioteca, no era mucho, pero debía ir con cuidado, caminó entonces suavemente entre las calles de la isla, parecía que a medida iba adentrándose, las luces de las viviendas se encendían como si sospecharan algo. Igualmente, voces salían de las puertas, como si personas en el interior estarían susurrando, Franky los podía escuchar.

Faltaban dos calles y en medio de la noche y la neblina, continuaba viendo el mapa y apuntando con la otra mano la linterna. Sabía que no podía sentir miedo, el anciano le había comentado que la mayoría de esos demonios internos tras las puertas, se alimentan de malos sentimientos, como ser miedo o culpa, así que procuraba no sentir emoción alguna. Sin embargo, ahora el ruido detrás de las puertas era estresante, chirridos y sonidos como si arrastraran muebles, salían detrás de aquellas paredes. Franky se preguntaba qué era lo que estaban haciendo en esas casas tan arcaicas.

Llegó entonces a la rotonda en el medio de la ciudad, justo enfrente, vio la biblioteca, estaba realmente cerca. Aceleró su caminar y casi llegando a las escaleras de entrada de la biblioteca, para ver si alguien lo seguía, tropezó. Una rama, que había crecido entre dos adoquines, había envuelto su pie, provocando que trastabille. Se levantó rápidamente, vio que nada se le hubiese caído y en ese momento escuchó las puertas de los que habitaban en las viviendas tras de esos muros de yeso de la "Isla de las Sombras" abrirse de par en par. Estaban saliendo susurros y murmuraciones, los cuales poco a poco invadían el lugar y los oídos de Franky.

Empezó a correr, era inevitable no sentir al menos un poco de temor, subió las gradas de la biblioteca y vio en frente suyo una puerta principal de dos metros y medio de ancho y tres de largo, era gigantesca y pesada, como la de una gran catedral.

Abrió entonces la perilla, pero el peso de la puerta y el tiempo que había permanecido cerrada, hacía que sea complicado moverla únicamente por una persona. Empujo muchas veces y la puerta apenas se movía. Vio entonces hacia la gran rotonda y de las calles que llegaban al centro de la isla, en medio de la neblina permanente, vio siluetas de personas que venían hacia él. Eran espectros con figuras de hombres, estaban todos vestidos de negro y cubrían sus caras con pasamontañas del mismo color; sin embargo, Franky sabía que eran demonios, pues, de los orificios para los ojos y la boca en sus máscaras, salía una especie de humo negro, como si en realidad, tras esa figura humana, se encontraría una energía o substancia que no quería ser vista.

Ahora Franky, sin darse cuenta, estaba pateando la puerta mientras veía de reojo que las sombras se acercaban. Entonces, uno de los espectros que estaba más próximo al lugar, subió por las escaleras de la biblioteca y se le abalanzó directamente. Franky estirando ambos brazos, evitó que el demonio lo atacara y se pusieron a forcejear en la entrada muy cerca a esa gran puerta, mientras los demás espectros se acercaban cada vez a mayor velocidad.

Con miedo de que lo acorralaran, impulsó su cuello hacia atrás y mientras luchaba con esa presencia oscura, de un cabezazo la hizo caer, haciendo que rodase por las gradas de la biblioteca. No tenía mucho tiempo así que, agarró velocidad y se lanzó hacia la enorme puerta, logró moverla un poquito, pero definitivamente nadie entraría por el lugar que había sido despejado. El demonio se incorporaba y Franky intentó una vez más azotar la puerta con su cuerpo, pero sin suerte, la movió aún menos que la última vez. Entonces, el espectro que notaba visible ira, corrió ardientemente hacia Franky, quien logró esquivarlo. Se escuchó un gran golpe y justamente provenía de la gran puerta, mientras todos los demás espectros estaban en el inicio de las escaleras que subían a la biblioteca. El impacto del espectro contra la puerta había abierto un espacio lo suficientemente grande como para que Franky entrase, así que no lo dudó ni un momento y entró, cerró la puerta tras sí, ya que al parecer era mucho más fácil cerrarla que abrirla.

3

El demonio que sin querer había ayudado a que Franky abriese aquella enorme puerta, yacía en el piso interior de la biblioteca; del otro lado se escuchaba que los demás espectros golpeaban y azotaban intentando entrar, por lo que Franky puso una gran madera como medida de seguridad, entre los dos agarradores de las puertas.

Poco a poco el espectro se movía, por lo que Franky estaba seguro de que podría seguir trayendo problemas. Claro, con los demonios no existen negociaciones, ni arreglamientos con palabras. Por esto, tomó el revólver que había encontrado en la cabaña del Sr. F y de un solo disparo en la cabeza, hizo desvanecer al demonio que se convirtió en humo negro y desapareció.

Vio, ahora más tranquilo, que el lugar más que parecer una biblioteca, parecía una morgue. Después de una pequeña entrada, había un gran corredor y en las dos paredes laterales, tres hileras de cajones que podían ser abiertos a modo de morgue. El final del pasillo no se podía ver, era bastante extenso, seguramente por la cantidad de recuerdos que Franky tenía.

Pasando, entonces la entrada, se acercó a los primeros cajones del lado izquierdo del lugar. Cada compartimiento tenía una etiqueta con la fecha de la memoria que estaba en el interior, al parecer los recuerdos estaban ordenados según cuan recientes habían sido, dejando en el lugar más profundo del corredor los recuerdos pasados. Por esto, los primeros cajones tenían las fechas del mismo día, por lo que Franky dedujo que como él no había estado todo el día en control de su conciencia, los recuerdos que estarían dentro seguramente serían de lo que había estado haciendo el Sr. F últimamente. Claramente quería ver en que había estado ocupado el invitado que ahora era propietario de su mente, así que, sin dudarlo, abrió el compartimento, que era más como abrir un sarcófago. En el interior, vio un cristal con luz blanca en su interior, era idéntico al que había visto en la cabaña del Sr. F.

El cristal le mostró los últimos sucesos de la que era su realidad. Vio como el Sr. F había tomado fuertemente a su abuela en las gradas, saliendo desesperadamente de su casa y dejándola con lágrimas en los ojos. El recuerdo avanzaba y ahora estaba en la universidad, atestiguó entonces el gran rodillazo en los genitales que le había aplicado a Nick. Luego, vio que, con gran tranquilidad y habiendo planificado todo, el Sr. F entró en uno de los bloques administrativos de la universidad, sabiendo que Dan Eric lo seguiría, después se mostró un poco en el sector de los baños para que su víctima entrara en ellos, por último, vivió las tres puñaladas que le propinó a Dan Eric, cuando este lo buscaba en el baño de hombres. Por un momento, la cara de sorpresa y de desconcierto de Eric mientras caía al piso le dio mucha satisfacción, había pensado muchas veces en ese momento, de todas formas, sabía   el gran problema que ese evento traería a su vida. El recuerdo continuaba, se encontraba ahora en casa de su abuela, había tomado la 9mm que estaba escondida y su encuentro con Sarah en la entrada. Vio sus ojos de preocupación por él, pero en ese momento observó como el Sr. F, la apretaba de las mejillas y posteriormente, empujaba, al piso de la entrada, para después dejar el lugar en el sedán gris de su abuela, con una 9mm, un par de herramientas y un rollo cinta adhesiva.

4

Terminó el recuerdo y volvió, quería sacar al Sr. F de su conciencia antes que destruya su realidad por completo. Vio que tenía el arma de su abuela. Seguramente está planeado hacer algo extremo. — se dijo. Cerró entonces la puerta del casillero y caminó, no tenía tiempo para ver memorias pasadas sin sentido que no ayudarían en nada, ahora tenía que llegar a aquel recuerdo que quedó incompleto en la cabaña, el 2 de noviembre del 2000, cuando murieron sus padres.

Siguió recorriendo la gran morgue de recuerdos, donde cada casilla que pasaba contenía el "cadáver" del recuerdo indicado en la fecha de la etiqueta. Buscando la fecha correspondiente, se fue dando cuenta de que algunas fechas no estaban, hasta que más adelante vio una escalera caracol que bajaba, seguramente a un lugar más restringido, más profundo. El lugar estaba oscuro y al ser una morgue, la desolación era aún peor, de todas formas, bajó por las escaleras, llegando a un lugar subterráneo, había puertas en vez de casilleros, tras esas puertas, yacían recuerdos más profundos y restringidos de Franky.

Buscando entonces, el recuerdo que necesitaba, una de las fechas en una de las puertas llamó su atención, era su cumpleaños doce, unos años después de perder a sus padres, se había mudado con su abuela y a pesar que ya había estado un par de años en la escuela, aún no tenía amigos en CIUDAD 3. Entró por la puerta con la fecha de CUMPLEAÑOS, en una caja de vidrio sobre una mesa larga y delgada, se encontraba aquel cristal con luz blanca en su interior, se asomó, abrió la caja y tocó el cristal.

— ¡Felicidades Franky! — Era su abuela entrando en su habitación, tenía el desayuno en una bandeja, en esos días aún no usaba bastón y tenía mucha más movilidad. — Qué te parece si hoy vamos al lago y aprovechas de tomar unas fotografías. — Franky usaba la cámara polaroid, que había encontrado en el ático entre las pertenencias de su abuelo, le gustaba que, aunque no era una imagen de mucha calidad, la cámara sacaba la lámina instantáneamente.

Estaba feliz, por lo que desayunó rápido y apuró a su abuela para que salieran y se alistó casi inmediatamente. Ambos subieron en el sedán gris de su abuela, quien en esos días aún conducía y se dirigieron hasta el lago Santa Cruz, que quedaba en las afueras de CIUDAD 3. Tardaron casi dos horas en llegar, era domingo y mucha gente disfrutaba de ir a pasar el día con la familia al lago, pues, se podía almorzar, pasear, hasta navegar en botes. Caminaron unos momentos por las orillas, mientras Franky tomaba fotos, aunque intentaba no sobrepasarse, pues la cantidad de fotos que podía tomar en su polaroid era limitada. Llegando mediodía, entraron en un restaurante cerca del lago, donde aún podían verlo, Franky ordenó una hamburguesa y su abuela igual para acompañarlo, pues, sabía que era su comida favorita. También ordenó dos porciones de torta y cuando casi terminaban de almorzar, sacó el regalo que le había tenido guardado y lo puso sobre la mesa. Franky emocionado y un poco desesperado, abrió el regalo, grande fue su emoción cuando vio que era una cámara fotográfica digital, era muy útil para fotógrafos principiantes, pues, las imágenes capturadas eran de gran calidad y se podían capturar una cantidad de fotografías mucho mayor a la cámara que tenía. La única diferencia, que tampoco le importaba a Franky, era que debía esperar a llegar a casa para descargar las fotografías a su computadora y ahí recién poder verlas.

Entonces terminaron de almorzar en las orillas del Lago Santa Cruz, para después ir a dar un paseo en bote. El paseo duraba una media hora, así que le pagaron al señor que navegaba el bote y subieron. Franky en todo el trayecto, aprovechó de tomar muchas fotografías con su nueva cámara, mientras su abuela a su lado igualmente veía el hermoso paisaje y disfrutaba de su nieto. Terminó de dar la vuelta y el señor que remaba se despidió cordialmente de ambos y se fueron. Eran casi las cuatro de la tarde así que, para evitar conducir de noche, decidieron volver a casa.

Una vez llegaron, en casi otras dos horas de viaje, ambos estaban muy cansados, así que decidieron descansar en el sofá del piso principal, donde solían ver televisión.
— En realidad los opuestos únicamente son dos extremos de algo en particular, la única diferencia entre ellos es el grado. Como ser la luz y la oscuridad, son el mismo fenómeno únicamente que están en distintos grados de este, por lo que no es imposible pasar del uno al otro de manera simple y rápida, únicamente mediante una transmutación. — La tele estaba encendida en un programa con un invitado nuevo, de todas formas, Franky y su abuela estaban muy cansados como para prestarle atención. — Por esto es tan fácil cambiar de un extremo al otro, del odio al amor, de la luz a la oscuridad, de la vida a la muerte. Si uno quiere llegar a vivir una vida plena, al menos en este plano, debería buscar la graduación exacta

entre estos extremos según le convenga. — El programa seguía, era algo así como un astrólogo y ocultista, el que hablaba, pero ya para ese momento Delia se había dormido sentada, mientras, Franky, estaba con su nuevo "juguete" viendo cada una de sus partes y opciones de configuración, aunque igual estaba realmente tentando en dejar caer su cabeza y dormir. Aunque recién era poco más de las ocho y media de la noche, Franky sintió sueño, los viajes siempre son cansadores, aunque sean viajes de una sola tarde.

Entonces Franky se acercó muy suavemente a su abuela, quien estaba empezando a roncar y tocándola levemente por el hombro, la despertó. Ella sonrió mientras abría sus ojos y reaccionaba. Subieron entonces al segundo piso de la casa en el que hasta el día de hoy vivían y después de darse un abrazo, ambos entraron en sus habitaciones a descansar. Franky, dejó su nuevo regalo y sus demás pertenencias un momento y al ver la cámara que le había regalado su abuela, decidió ir a darle una vez más las gracias. Salió de su habitación y la puerta de Delia estaba semi abierta, metió la cabeza por el pequeño resquicio entre la puerta y el marco y vio a su abuela sentada en la orilla de la cama, Franky aseguraba que estaba triste, por lo que, en silencio se le acercó. — ¿Abuela? — dijo el niño, ella lo vio con lágrimas en los ojos y una foto de su hija en la mano. Por primera vez se dejó ir y abrazó a su nieto en llantos. Franky durmió con su abuela esa noche.

5

Volvió entonces a aquel cuarto, en el piso subterráneo de la morgue de recuerdos. Lo que acababa de ver lo desesperaba, no podía dejar a su abuela con ese lunático, aunque igualmente formase parte de él era un lunático. Recordaba que aquel día de 2010, agradeció toda la noche a Dios, por tener a su abuela, pues, si no, estaría solo, no habría nadie que lo quisiera, ni tíos ni primos, ni amigos, nadie.

Y ahora, viendo todo en retrospectiva, igualmente agradecía, no sabía si a Dios como en ese entonces, pero agradecía por aún tener a su abuela con él. Pensaba igualmente en la fortaleza que ella había tenido todos esos años, siempre mostrando una sonrisa, aun cuando por dentro estaba rota. Aquel cumpleaños del recuerdo, era de los primeros que pasaba sin sus padres y aunque ella lloraba todo el tiempo por su hija, nunca se mostró débil frente a él e hizo el esfuerzo necesario para que ambos la pasaran muy bien. Ahora sabía que debía lograr a toda costa sacar al Sr. F de su consciente, necesitaba hablar con su abuela, no podía perderla, necesitaba verla. Sabía que estaría muy asustada, con una gran preocupación por su nieto. Seguramente debe estar muy triste. — pensó.

Caminó rápidamente hasta encontrar la puerta con la fecha que estaba buscando, ahí estaba, FECHA MUERTE PADRES, tras esa puerta encontraría el recuerdo incompleto, aquello que el Sr. F, tanto escondía. Abrió la puerta y vio la caja de vidrio en la que se suponía estaría el cristal de luz con el recuerdo faltante; sin embargo, no estaba. El Sr. F lo había robado. Se preguntaba donde lo tendría escondido, por casualidad tocó en uno de sus bolsillos y sintió el mapa de la Isla, el cual, había guardado mientras caminaba por el corredor de la morgue de recuerdos. Había un lugar marcado que había visto anteriormente redondeado en rojo. El océano de la mente infinita. — dijo. El lugar marcado del mapa, aquel que estaba a las orillas del mar, indicaba que ahí, algo importante se escondía, ahora ya sabía que era.

15. Amén ... Padre

1

Estaba en la zona donde vivía Mareca, creía no haber dejado indicio alguno de que iría a verlo y aparentemente, no había relación entre ambos. De todas formas, lucidez le sobraba, por lo que dedujo, que eventualmente, su abuela proporcionaría a los oficiales el número de matrícula del sedán gris que estaba conduciendo. Dada la situación, evitó toda calle y avenida en la que podría haber policías y se mantuvo así, hasta que llegó a la zona de clase baja y pobre, donde vivía Mareca. Estacionó en diagonal a la casa, en la cual no había iluminación alguna. Mejor que no esté en casa, lo tomaré por sorpresa. — se dijo el Sr. F.

Antes de bajar del coche, sintiendo un poco de agotamiento físico de los últimos días; Franky no había estado durmiendo bien, únicamente un par de horas pues, las pesadillas y noches agitadas, no le habían permitido conciliar un descanso apropiado. Además, que la alimentación deficiente que llevaba hace una semana, causaban que el cuerpo pida descanso a gritos, pero aún no era el momento. Entonces, condicionado por las ganas de postrarse en una superficie, la que fuese, para cerrar un momento los ojos, el Sr. F, tomó aquella bolsita que le había entregado el encargado de la farmacia y la abrió, en su interior, un polvo blanco, similar a la harina, pero brillosa. Pellizcó un poco de la sustancia y la probó, era ácida y muy amarga, un químico potente sin lugar a dudas. Por eso es ilegal.

— se dijo. Entonces con la llave del auto tomó un poco del polvo y lo aspiró, Franky nunca había usado drogas, pero ahora todo estaba cambiando. Repentinamente, el cansancio había desaparecido, se sentía un poco ansioso, hasta agresivo, pero las ganas de dormir ya no estaban y era justo lo que quería.

Eran casi las once de la noche y bajo del auto de su abuela, era raro que la casa parezca vacía, ni siquiera el perro que ladraba la vez anterior, parecía estar, por lo que, saltando la verja de poco más de un metro, comenzó a rondar por los exteriores. Dio dos vueltas a la casa, era pequeña, así que no demoró mucho tiempo haciéndolo, quería cerciorarse que realmente no esté nadie en el interior. De repente el vidrio de una de las ventanas que observaba retumbó y se sacudió, era el gran perro que tenía Mareca, lo habían dejado dentro del inmueble y rondaba todas las habitaciones, ahora el can, sabía que alguien estaba merodeando el lugar. Observó que la ventana por la que Franky había entrado días atrás, no había sido completamente cerrada, por lo que sabía que podría entrar dentro sin romper nada; era un barrio muy pobre y lo que había dentro de las casas era de muy poco valor como para pensar que ladrones entrarían; sin embargo, él Sr. F no estaba ahí para robar. Ahora después de investigar que el perro de Mareca estaba alerta, sabía que entrar en la casa sería un poco más complicado de lo que había planeado. Los autos pasaban y cualquiera de esos podría estacionar en la puerta y fácilmente ser Mareca, no tenía tiempo para estar paseando alrededor de la casa, debía entrar.

2

El perro ladraba en el interior de la casa, mientras tanto la ventana a la cual le había dado un par de palmadas abriéndola poco a poco, hacía un ruido realmente espantoso a cada movimiento. El Sr. F, veía a los ojos al animal mientras abría disimuladamente la ventana.

— Maldito perro. — Dijo. Entonces, el can se paró en sus patas traseras y se apoyó con las delanteras en el muro en dirección al Sr. F, ladraba sin parar y mostraba sus grandes y amenazantes dientes blancos. Pronto el animal, intentaba salir por el espacio abierto de la ventana abalanzándose hacia afuera; sin embargo, la altura del muro no se lo permitía. El Sr. F se impulsó y se mantuvo con un pie sobre el marco de la ventana, el perro hacía intentos desesperados para morderlo, pero fallando en cada uno de sus intentos, cayó de espaldas, dando tiempo perfecto para que el Sr. F se acomodara por sobre la ventana. El animal se mantuvo un momento viéndolo e intentó atacar el Sr. F, quien esquivó su mordedura, que era lo único que realmente podría lastimarlo y saltando desde la ventana, tomó al can del cuello y como asfixiándolo logró dejarlo inconsciente, de manera que no molestaría más en la noche.

3

Para ese entonces, el padre Gregor ya había llegado a casa de los Warner. Sarah cordialmente se había ofrecido abrir la puerta ya que Delia tenía dificultades para caminar; de todos modos, la señora no agradecía tanto ese detalle, sino más bien, el hecho de que la chica se haya quedado acompañándola en su dolor.

Los tres sentados en la cocina, notaban estar ansiosos, pero más que todo, asustados. Tomaban el café en la mesa para rellenar las tazas que vaciaban rápidamente como si de alcohólicos en un bar se tratase. — Antes que nada, Señora Delia. — dijo el padre. Tenía unos cuarenta y pico, bastante erguido, con una camisa blanca dentro de un pantalón beige, lentes anchos para ver y si no era suficiente, un peinado al costado en el cual parecía no movérsele un pelo. Quiero decirle de parte mía y de toda la iglesia, que tiene todo nuestro apoyo en este momento de pena. — dijo Gregor. Delia se había ganado el respeto y cariño de toda la congregación, tenía muchas amigas y siempre ayudaba al padre con ofrendas y elevados diezmos.

— Gracias padre, me da gusto escucharlo, sinceramente — Respondió Delia.

— Ahora, Delia también quería decirle que no hace falta que me dé explicaciones de ningún tipo por los actos de su nieto. —

— Lo sé, padre. —

— Pues, debe recordar que nuestra guerra no es contra carne ni sangre, sino contra principados y las huestes espirituales que actúan a través de ellos. —

— Amén, padre. — dijo la abuela. —Pues, justamente le quería mostrar, lo que creo que son evidencias de que Franky, estuvo experimentando algún tipo de manifestación espiritual o posesión. — Miraba fijamente la antigua fotografía de Franky en el ático con el espectro en la espalda, mientras hablaba. — Nunca se lo dije padre, pero hace muchos años, vi una foto muy inquietante de mi nieto. — Entonces pasó la imagen al padre Gregor. — Esta foto fue tomada en el ático de esta casa, aunque en un principio parece ser una fotografía normal, al ver el reflejo de la ventana, claramente está   mi nieto parado con lo que, según yo, es un demonio colgado a su espalda. — dijo apuntando la silueta que estaba colgada del cuello de Franky en la imagen. — Jamás estuve segura de lo que podría significar aquella sombra, pues, siempre intente darle alguna explicación lógica, así que nunca la compartí con nadie, ni se la enseñé a nadie, ni siquiera a Franky. — El padre, veía la imagen intrigado, frunció el ceño y levantó la foto de la mesa, viéndola de cada ángulo posible mientras la movía de un lado a otro con su mano. — Además todo había ido más o menos normal, por lo que había olvidado la existencia de esa fotografía.

— dijo mientras apuntaba a la lámina que tenía el padre en la mano. — Pero no fue hasta hoy padre que en la mañana noté a Franky muy raro, casi desfigurado, y luego ocurrió toda esta tragedia que aún no termina, fue ahí cuando esta linda chica, Sarah, aquí a mi lado. -

— Miró con una especie de sonrisa a Sarah. — Vino con una fotografía reciente de Franky, en la que claramente se puede ver al mismo demonio, colgado en el cuello y espalda de mi nieto. — Aseguró Delia.

Entonces el padre Gregor, sorprendido porque haya una foto en la que se vea la misma presencia tras de Franky, dejó la imagen que le había dado la abuela y preguntó. — ¿Otra fotografía? — Se quitó los lentes, los limpió y se los volvió a poner. — ¿Puedo verla? —

— Sí padre. — Respondió precipitadamente Delia. — Vamos hija, muéstrasela— Como abuela, estaba realmente preocupada por Franky, se convenció que en realidad todo lo que estaba sucediendo, era "obra del diablo". Siempre hasta los mismos padres o tutores, son los que más niegan las fechorías de sus hijos o, en este caso, nietos.

— Sí padre. —dijo Sarah, se levantó de la silla y después de acercarse lo suficiente, mostró la imagen de su celular al padre. — Justamente ahí. — Sarah señalaba con su delgado dedo índice, el lugar donde se observaba la misma sombra colgada en la espalda de Franky, que estaba reflejada en una de las ventanas del taxi que los había dejado en la fiesta. — Esa noche, Franky y yo fuimos a una fiesta en casa de un amigo, y aunque no conocía hace mucho a Franky, sentía que era una buena persona. — No dijo nada por un momento y luego siguió. — Entonces pasaron los días y no fue hasta hoy que después de ver a Franky realmente transformado en la tarde, tuve un muy mal presentimiento e intentando ver el cambio radical que tuvo mi amigo en estos días, vi esta foto, agarrándome por sorpresa lo que en realidad había ahí. —

El padre Gregor había quedado atónito. Era, según él, lo más cerca que había estado de una posesión demoníaca. No sabía si sentirse emocionado por el hecho de alguna manera estar viendo un demonio lo cual reforzaba su fe en Dios, o sentirse triste porque conocía al supuesto endemoniado. — Delia, no puedo negar que la figura de aquello que tiene a Franky tomado por la espalda es idéntica en ambas fotografías, además del hecho que lo está sujetado del mismo lugar. — Veía y veía las fotos, primero una, luego la otra, estaba realmente asombrado. — De todas formas, sabes lo difícil que es conseguir pruebas de que una persona está endemoniada como para realizar un exorcismo rápidamente, este tipo de cosas se estudian Delia y para lograr el permiso de realizar una liberación, se tardaría al menos, unos meses, contando con el hecho que haya un exorcista disponible en CIUDAD 3. — Mientras el padre Gregor hablaba, Delia veía a Sarah, quien parecía estar muy asustada, pues, seguramente, estar cerca de un "endemoniado" y toda la experiencia en sí, sería algo que jamás olvidaría.

4

Inesperadamente llamaron al timbre asustando a todos los presentes. — Debe ser el oficial Hernández— advirtió Delia. Como el padre Gregor estaba viendo las fotografías de pie, muy cerca de la puerta de la cocina, sin decir nada y dejando las imágenes en la mesa, pero sin dejar de verlas, fue a la puerta principal y la abrió.

— Oh No. — Dijo el oficial Hernández, quien estaba otra vez junto al oficial Davis, su compañero. — Padre Gregor, ¿Qué hace usted aquí? — preguntó el policía, quien conocía al padre, pues, su iglesia era la más concurrida y representativa de la zona.

— "Cuando un miembro de su manada se pierde, el pastor hará hasta lo imposible por encontrarlo y volverlo a los pies de Dios", Efesios 25:5. — El padre vio a ambos oficiales con aire altivo mientras, con una de sus manos jugaba con uno de los botones del cuello de su camisa. — Supongo que quieren pasar. — Afirmó mientras se hacía un lado y permitía que ingresen ambos oficiales en la casa. — Adelante.

Ambos oficiales se vieron por un momento con complicidad, pues, habían tenido ya varios encuentros con el padre Gregor, y ninguno había terminado en buen puerto.

— Me parece bien que haya venido a acompañar a la señora,

pero le pido que esta vez, se mantenga fuera de la investigación y no interfiera ni en lo más mínimo. — Dijo el oficial Hernández, quien conocía al padre no únicamente por qué había interferido en un par de investigaciones, siempre intentando mostrar algún tipo de presencia demoníaca , sino que al Hernández ser comandante de la policía de CIUDAD 3 también, el padre, repetidas veces y en horarios escandalosos, se había aparecido en su puerta, diciendo que supuestamente las autoridades y todo el órgano policial debería asistir a la iglesia y arrepentirse de sus pecados, pues,, para cuidar e impartir justicia, debían estar a "los pies de Dios". Después de un par de discusiones por los horarios imprudentes y la insistencia obstinada del padre, el comandante, lo amenazó con poner una orden de restricción contra él, por lo que el padre Gregor, desde ese día, se mantuvo alejado, claro que se vieron un par de veces, en casas de sospechosos y víctimas, pues, el padre tenía muy buena relación con muchas de las familias de la ciudad, de todos modos, Gregor no volvió a insistir.

— Comandante, me temo que esta vez eso es imposible. — Respondió el padre con un poco de satisfacción, mientras entraban por la puerta de la cocina donde Sarah y Delia yacían sentadas.

— Oficiales, que bien que vinieron. — Dijo Delia, aún consternada. — Tomen asiento, ella es Sarah. — afirmó mientras veía por un momento a Sarah. —

— Buenas noches. — Dijo la muchacha. Los oficiales la vieron y saludaron con un movimiento leve de cabeza. El oficial Davis se quedó cerca de la puerta viendo todo de lejos.

— Señora Warner. — Dijo Hernández. — Dijo que tenía información urgente, perdón si sueno mal educado, pero debe entender que aún seguimos en la búsqueda de su nieto y cada momento que pasa las posibilidades que sea peor el desastre aumentan — No estaba molesto, pero si apresurado.

— Bueno oficial lo que….

— Delia, déjeme a mí. — Dijo el padre Gregor, lo que provocó enojo en el comandante, lanzando una mirada furtiva contra el padre. — comandante, por más que tengo conocimiento de su constante falta de fe y afanoso escepticismo, comprendo que será difícil para usted ver estas imágenes. — Se acercó a la mesa y enseñó primero la foto antigua de Franky, cuando aún era un niño, y luego tomando el celular de Sarah que aún seguía sobre la mesa, le mostró la fotografía en la pantalla. — comandante, por favor concuerde conmigo cuando le digo y le enseñó en las fotos, que es justamente el mismo espíritu en ambas imágenes. — Dijo señalando el supuesto demonio en la espalda de Franky.

El comandante quedó realmente confundido, cuando parecía que iba a decir algo, movía la cabeza y permanecía callado. — oficial Davis. — Dijo. — Mira esto. — Entonces el otro oficial, se acercó y se mantuvo de pie tras el comandante, viendo lo que este le mostraba en aquellas perturbadoras imágenes. Ambos veían las imágenes y discutían, le buscaban explicaciones a lo que veían. Entonces el comandante Hernández se puso de pie, y se posó al lado de su compañero. — Señora Warner, no puedo negarle que las imágenes que nos muestra son muy raras, pero no prueban nada. ¿Nos hizo venir únicamente para mostrarnos esto? Discúlpeme, pero por más impactante que sea, no nos ayuda en lo absoluto, es más, el tiempo que perdimos aquí, podríamos haberlo empleado para realmente encontrar a su nieto. — Dijo. Estaba alterado un poco por las imágenes, pero sabía que no los ayudaría en el caso. — Estoy suponiendo que el padre está aquí presente. —

- vio con desprecio a Gregor. — fue quien la incitó a llamarnos para decir que su nieto estaba endemoniado. —

— Se equivoca oficial, fuimos yo y esta muchacha quienes encontramos la similitud entre

las fotografías y a usted, pues, hay algo más que quería decirle. —

— Adelante señora, la escucho. ¿Qué más nos quiere decir? — preguntó el oficial.

— Cuando se fueron la primera vez que me interrogaron, subí a mi alcoba y encontré que Franky se había llevado un arma, una pistola 9 mm que me había dejado mi difunto esposo, en caso de, ya sabe, un accidente o problema. Una nunca sabe —

— Que en paz descanse, hombre de bien. — Dijo el padre. El oficial Davis que estaba cerca lo observó, como un gesto claro para que se calle.

— ¿Una 9mm? Esto cambia todo señora, espero que no nos haya ocultado esa información desde un principio. —

— Claro que no oficial. — Mintió, a pesar que tenía el padre a lado, pues, en realidad, había notado que el arma no estaba en su lugar tiempo antes que llegasen los oficiales por primera vez.

— Atención, atención patrullas en búsqueda del sospechoso 601, sospechoso de fuga está   armado, repito está armado. Procedan con cautela. — Dijo por su intercomunicador a las patrullas que buscaban a Franky. — Entonces Delia puso ambas manos en su cara, escuchar al oficial hablar de Franky como un criminal armado, le había hecho caer en la realidad, pues, antes con todo el tema de la posesión demoníaca, no le había dado tiempo de pensar realmente.

— Tranquila Señora Warner. — Dijo Sarah que era la más próxima. — Estoy segura que todo esto se arreglará y habrá una explicación para el comportamiento de Franky. —

— Señora Warner… si me permite. — dijo el padre.

— Padre por favor. — Dijo el oficial Davis.

— Déjelo oficial. — Respondió Delia. Ambos oficiales estaban tentados de irse, pero aun querían discutir un asunto más con la señora. — Adelante padre. —

— Gracias Delia, lo que rondaba mi cabeza todo este tiempo, es que usted, como la muchacha Sarah, mencionaron que el día de hoy, cuando vieron a Franky, estaba muy raro, mencionaron la palabra transformado. ¿Por qué? — preguntó el padre.

— Sí padre, justamente hoy antes que Franky partiese a la universidad, me lo encontré en las gradas, estaba realmente consternado y su cara había cambiado, estaba más delgado y tenía otra expresión, pero nada comparado al terror que vi cuando cruzamos miradas, pues, no reconocí a mi nieto en esos ojos, simplemente no era él. — Mientras hablaba, su voz titubeaba, pero nunca quebró. Era una señora fuerte, ya había pasado muchas situaciones penosas y difíciles— Pero, eso no fue todo, pues, hace un par de días, recibí una llamada a las tres de la mañana, era una de las vecinas, la conozco porque solemos hablar de puerta a puerta y me había comentado que se despertaba siempre en las noches pues, tiene problemas de vejiga. Me dijo que había un sujeto parado en mi puerta, que no sabía si llamar a la policía. Le dije que no lo haga, entonces bajé y vi por la mirilla de la puerta y para mi sorpresa era Franky, estaba todo mojado y confundido, no podía hablar siquiera. Lo hice pasar y noté que había estado bebiendo, lo que me hizo creer que únicamente era una borrachera, aunque me preocupó la mirada ausente que tenía, de todas formas, lo acosté. Le intenté hablar repetidas veces, y lo único que me dijo muy suavemente y casi hablando entre los labios, era el nombre "Robert Mareca". Era raro pues, era la primera vez que escuchaba ese nombre — Todos los presentes, incluidos los oficiales, escuchaban a la señora, pues, aparte de que estaban todos un poco alarmados por las imágenes y todo el aire de desconcierto que se había generado, Delia era muy buena con las palabras y aunque estaba angustiada, no había perdido esa manera única que tienen las abuelas para contar las historias. — Creí, erróneamente, que hablaríamos al día siguiente, pero salió corriendo de la casa, ni siquiera se despidió, ni comió nada. Me empezó a preocupar aún más cuando, llegó otra vez muy tarde y directo a encerrarse en su habitación, no estuvo comiendo, ni durmiendo, estaba flaco y muy extraño, extraño para mal. —

— Justamente hoy, cuando lo vi percibí lo mismo, pero aún no sabía lo que estaba pasando; sin embargo, la cara con la que me vio, hasta ahora, me sigue causando escalofríos. — Dijo Sarah, reforzando lo que había dicho la abuela de Franky.

— ¿Es muy extraño no creen? Las manifestaciones demonia....

— ¡Bueno padre! — Interrumpió el comandante a Gregor con un grito. — Con todo respeto a la Señora y su casa, me parece que usted está interfiriendo negativamente en la búsqueda de Franky.

Escúchese, ¿usted cree que una noche de borrachera y un par de fotos ayude en el caso?, es más, cree usted que ¿de alguna manera, pueda ayudar a Franky en el jurado? Déjenos hacer a nosotros las preguntas. — dijo amenazante mirando al padre Gregor. — Señora Delia. — dijo mientras giraba y miraba con más calma a la abuela. — Entiendo que se puede dejar confundir por las habladurías del padre y no la culpo, no es la primera vez que estorba en nuestras investigaciones indagando más de lo que debería. De todas formas, si yo y mi compañero nos quedamos aquí escuchando los supuestos del padre, únicamente fue para pedirle que nos de la autorización de revisar las pertenencias de Franky, ya sabe su habitación. — Había bajado la voz y casi le habló dulcemente a Delia.

— No lo sé oficial, no me parecería correcto revisar la habitación de mi nieto como la de un criminal. —

— Señora Warner, entiendo que la privacidad de su nieto sea importante para usted y aquí nadie cree que su nieto sea un criminal, pero ¿no cree que es mejor encontrarlo ahora, antes de que ocurra un desastre aún mayor? — El oficial Hernández, a pesar de su corta edad, era un gran entrevistador, se destacaba por convencer tanto a sospechosos, víctimas y personas envueltas en los casos en los que trabaja. — Yo le puedo asegurar que basándonos en lo que usted nos contó, sin hablar de las experiencias paranormales que el padre asevera ver en todos los casos, podríamos conseguir a Franky asistencia psicológica en vez de una condena, pues, señora, yo creo que su nieto no necesita un cura, necesita un psiquiatra. Si logramos encontrar a Franky ahora, antes de que se agrave la situación, estoy seguro que le darán la ayuda que necesita, y así su nieto no tendrá que pasar tiempo tras las rejas. — Era justamente lo que Delia había estado temiendo, tener a su nieto en prisión, por lo que las palabras del comandante la convencieron.

— Está bien comandante podemos subir. —

5

— Esta es la habitación. — dijo Delia abriendo la puerta de la alcoba de Franky. Permitió pasar a ambos policías, ella, Sarah y el pastor se quedaron en el corredor viendo todo desde ahí. La cama estaba hecha un desastre y había ropa por todos lados, lo que era raro, considerando que Franky siempre había sido organizado.

— ¿Sabe la contraseña de la computadora Señora? — preguntó el oficial Davis, sentado en el escritorio viendo el computador.

— No la sé oficial, pero puede intentar con la fecha de su cumpleaños. Es: FECHA CUMPLEAÑOS. —

— No, es incorrecta. —

Mientras el comandante Hernández, caminaba por la habitación, no indagaba en nada específicamente, solamente rondaba. Dedujo, que alguien había sacado algo de debajo de unos cajones, porque no los había vuelto a poner en su lugar. Ahorros seguramente. — pensó el comandante.

— Padre nuestro que estás en los cielos, santificado sea tu nombre, venga a nosotros tu reino, hágase tu voluntad en la tierra como en el cielo, danos hoy nuestro pan de cada día, perdona nuestras ofensas, como también nosotros perdonamos a los que nos ofenden, no nos dejes caer en la tentación y libéranos del mal. — El padre Gregor en la puerta repetía la oración mientras hacía la seña de la cruz y hacía la seña de la cruz al interior de la habitación, a modo de bendición.

— Señora Warner, una pregunta. — Dijo el comandante. —¿Sabe si su nieto tenía ahorros, o una plata escondida?, no sé de trabajos que haya hecho o regalos recibidos, ya sabe. —

— En realidad, hizo un par de trabajos en revistas y algunos periódicos pues era un fotógrafo hábil. — Respondió la abuela. — De igual manera yo mensualmente me encargaba de entregarle el dinero que correspondía del seguro de vida de sus padres, por lo que estoy segura que dinero tenía, tal vez no demasiado, pero si tenía algo ahorrado.

¿Por qué lo pregunta? — Tenía miedo de lo que estaba insinuando el comandante Hernández.

— Pues, parece que su nieto sacó algo bajo estos cajones y olvidó ponerlos de vuelta. — dijo mostrando dos cajones que el Sr. F había sacado de lugar para extraer los ahorros de Franky. — En mi experiencia, los jóvenes y adolescentes suelen esconder o drogas, o dinero en sus habitaciones, rara vez algún otro objeto de gran valor. Pero yo, si me lo preguntan, creo que, bajo esos cajones, tenía dinero ahorrado que decidió sacar. — Delia entró en la habitación para ver lo que le decía el comandante. — ¿Cree que mi nieto quiere escapar de la ciudad? No dejaría todo atrás así por así, estoy segura — La voz de la abuela notaba preocupación.

— No lo sé, señora Warner, me parece raro, pues, si quisiera escapar, tendría que robar un auto, estoy seguro que sabe que no podría salir de la ciudad con el sedán gris que está conduciendo, no creo que ignore el hecho que estamos buscando esa matrícula . —indagó el comandante. — De igual forma, es raro que no haya llevado ni ropa, ni ningún objeto personal, que es lo que las personas que escapan suelen hacer. En este caso no se llevó nada, únicamente el dinero. —

— Padre nuestro que estás en los cielos, santificado sea tu nombre, venga a nosotros tu reino, hágase tu voluntad en la tierra como en el cielo… — el padre Gregor continuaba con sus plegarias.

— ¡Padre Gregor! — exclamó el comandante. — ¿Puede por amor a Dios, callarse? — estamos intentando concentrarnos, si sigue así, tendré que pedirle que espere abajo. — Añadió. Entonces el padre continuó sus plegarias casi susurrando, aún se le escuchaba, pero el comandante sabía que era imposible lograr que se calle, pero al menos que haya bajado el tono, era todo un logro.

Para ese momento, el oficial Davis buscaba en el ropero alguna pista, mientras, el comandante continuaba viendo de aquí para allá.
— Hay algo que no cuadra, una pieza faltante, algo que estamos pasando por alto. — dijo Hernández. —Pero ¿qué? — se

preguntó en voz alta, entonces se sentó en la cama a meditar por un momento. Estando con la mirada casi perdida en la alfombra, el comandante, notó algo raro, uno de los pantalones de Franky que estaba revoleado por la habitación, mostraba estar visiblemente sucio y en una de las piernas rasgado. Le llamó mucho la atención pues, lo había dejado tirado sin siquiera doblarlo o ponerlo en la ropa sucia y parecía que recién lo había utilizado. De entre todas las vestimentas y la frazada que había caído al piso, tomó el jean azul oscuro que Franky usó aquel día que fue a ver a Mareca. Observó la parte rasgada. Qué habrá pasado con esto. — se dijo. Entonces, metió las manos en los bolsillos y fue cuando en uno de los fondillos traseros del pantalón, encontró un pequeño trozo de papel. Decía: "DIRECCION Mareca" y abajo, el nombre de "Robert Mareca".
—¡Bingo! — gritó el comandante.
— ¿Qué pasó comandante? ¿Encontró algo? — preguntó el oficial Davis y se aproximó al comandante quien sostenía el papel.
—Pues, sí, — respondió el comandante. — Señora Warner. — dijo. — Robert Mareca era el nombre que dijo que su nieto repetía aquella noche, ¿cierto? —
— Así es comandante. ¿por qué? —
— Pues, encontré la dirección de ese tal Robert Mareca, iremos inmediatamente. — dijo el comandante Hernández. — Atención unidades tras el sospechoso 601, ubicación probable del sospechoso "DIRECCIÓN Mareca". Unidades cercanas proceder con cautela. — dijo el comandante a su intercomunicador, mientras rápidamente salían de la habitación. — Bueno señora Warner, la mantendremos al tanto, manténgase en casa pues, recibirá una llamada pronto. — Salieron entonces, ambos oficiales casi sin despedirse pues, era una pista muy sólida, estaban casi seguros que habían encontrado al amigo de Franky que lo estaba cubriendo y alojando, Robert Mareca.

El pastor quien solo vio sin decir nada cómo se iban los oficiales, después de un par de minutos cruzo miradas con Delia, casi como leyéndole los pensamientos.

— Supongo Delia, que nosotros también iremos. — dijo.
— Claro que sí padre. — Respondió la abuela. — Sarah, hija, quiero agradecerte de corazón todo lo que hiciste hoy, realmente eras una muy buena amiga para Franky. — le dijo a Sarah, quien sonrió por un momento, una sonrisa tímida. — Pero supongo que deberías ir a casa, te daré unos billetes, lo suficiente para que puedas tomar un taxi. — Sarah, había quedado muy intrigada después de todo lo que había visto y escuchado, ciertamente prefería ir con Delia y el padre, quería saber que estaba ocurriendo con Franky.

— Señora Warner, no hace falta, pero, en realidad, quería decirle que yo también estoy involucrada en todo esto y al ser Franky mi amigo, preferiría ir con ustedes. — Dijo la chica. — no creo poder conciliar el sueño con la duda y la intriga de todo este asunto. —

—Vamos entonces. — dijo el padre. — No hay tiempo para perder. —

Entraron entonces en el coche del padre Gregor, Delia en el asiento del copiloto y Sarah atrás, mientras el padre arrancó el auto. — DIRECCIÓN Mareca. — dijo. — La dirección que mencionó el comandante, ahí iremos. — En ese momento Delia intentaba deducir quién podría ser Robert Mareca, nunca había escuchado ese nombre en su vida.

16. No esta vez

1

Subió por las escaleras caracol y recorrió de vuelta aquel pasillo lleno de recuerdos, Franky estaba seguro que lo que necesitaba para solucionar sus problemas y retomar su vida, era llegar a las orillas del mar, donde señalaba el mapa. Era lógico pensar que el Sr. F al marcar con tal ímpetu esa zona, algo especial escondía.

Había desarrollado la capacidad de leer el mapa correctamente después de haberlo visto una y otra vez, llegar donde indicaba el plano no sería difícil, de todos modos, al conocer las criaturas que rondaban por la isla, creyó necesario no apresurarse.

Abriendo la puerta del lugar, girando la cabeza en ambas direcciones, se convenció que, aquellos demonios que lo habían perseguido, habían vuelto a sus hogares. Todo estaba en silencio.
— Tres calles, luego derecha, derecho por cuatro calles y otra vez a la derecha. — se dijo viendo el mapa que sostenía en su mano izquierda, apuntando la linterna a la calle que debía tomar.

La iluminación de la isla no había cambiado mucho, seguía muy lúgubre y los rayos de la luna se esfumaban en medio de la gran cantidad de neblina. Se guiaba, más que nada, por los faros de luz al final de cada calle, sabía que había caminado por una cuadra, cuando veía el gran acero tenuemente alumbrando.

Caminó sin detenerse lentamente por la ciudad, llegando a cada esquina, esperaba no ver la luz de ninguna de las viviendas encendida, para así evitar cruzarse con alguno de esos espectros que lo habían atacado.

Dando vuelta la esquina, contando el octavo faro de luz, el cual le indicaba que estaba cerca, caminó al final de la calle y vio que el lugar señalado, se trataba de un gran risco que daba al mar, en él un gran hotel, el hotel "Bella Muerte". Claro que lo recordaba y reconoció a sí mismo, que era innegable que aquel lugar esté en su inconsciente, después de todo, aquel hotel fue uno de los últimos lugares en el que vio a sus padres con vida. Igualmente, la edificación, había sido hospedaje para los Warner, padre, madre e hijo, dos veces, en ambas, respetando al hotel, nunca hubo quejas. Únicamente que, todo buen momento en el Bella Muerte, había quedado manchado por la posterior muerte de sus padres en la interestatal 66. El lugar real era magnífico y para personas que buscan pasar vacaciones en familia era perfecto; sin embargo, al igual que todo en la isla de las sombras, estaba inundado de un sentimiento de oscuridad y desesperación que hacía del hermoso hotel un lugar sombrío y horrífico.

2

Ambas puertas contiguas estaban abiertas, por lo que Franky, entendiendo que el lugar a las orillas del mar mostrado en el mapa era justamente el hotel "Bella Muerte", entró sin dudarlo. Muchos recuerdos invadían su cabeza, especialmente de aquel sueño, el primero de la seguidilla de pesadillas que aún no había terminado. Específicamente, vio la imagen del anciano tuerto, cuando aún no había hablado con él. Se dio cuenta de que, esa vez que escapó al interior del hotel pensando que el viejo lo seguía para hacerle daño, en realidad lo que el anciano quería, era tan sólo hablar. El lugar parecía vacío, el recepcionista estaba ausente, como también el muchacho de las maletas y cualquier residente. La entrada y sala de espera parecían estar vacías hace ya mucho tiempo, el ambiente no era muy agradable, Franky sentía que lo observaban, sentía una presencia adicional en el hotel. Se acercó al mostrador, sorprendiéndose al ver que todas las llaves estaban en su respectivo compartimiento, excepto la 601, la habitación a la cual ahora estaba seguro tendría que ir. Se tocó entonces uno de los bolsillos, recordando justamente aquel sueño pasado en el que su madre le había entregado la llave de la habitación en caso de que se perdiera en la gran Feria. Había algo en ese sueño que había olvidado, recordaba con precisión la mayor parte de la pesadilla, excepto el final, cuando después de perder justamente en la feria a sus padres, pensó en darles encuentro en la habitación 601. En ese entonces, lo que vio al entrar en la habitación, le había impactado de tal manera, que lo había olvidado y aun ahora, no lo recordaba.

Dada la situación, un nuevo valor y una nueva perspectiva hacia la vida, se había forjado en sus pensamientos. Debo salir de aquí. — Se dijo. Aunque, lo había escuchado antes, recién ahora comprendía la frase, trillada, por cierto, "Uno nunca sabe lo que tiene, hasta que lo pierde". Para Franky ahora esas palabras tenían más sentido que nunca, pues, ahora valoraba mucho más la libertad y libre albedrío que se le había entregado. Se machacaba el hecho de que no sólo no había aprovechado el regalo obsequiado, sino que también había vivido preso de su propia mente hace ya mucho tiempo, relegando cualquier tipo de libertad mental, siempre esclavo del pasado.

Enfocado únicamente en el ganar o no la batalla en su mente, decidido a terminar de una vez por todas con el suplicio, revisó una vez más sus pertenencias y después de ver por última vez la sala de espera del hotel, advirtiendo que no había nadie, se dirigió al corredor que daba a los elevadores. La habitación 601 era su destino.
— ¿Franky? — una voz provenía de la sala de la que se alejaba.
— Te estuve buscando desde que supe que estarías aquí. — Era la

chica del servicio técnico, donde Franky había dejado uno de los lentes de su cámara, Cindy. La hija de Carl notaba preocupación y miedo en su rostro, de todas formas, aquello no evitaba que Franky quedase absorto viendo su belleza, había sido ella quien había entregado aquel papel que guio a Franky a la mansión del Sr. F. Ella comenzó a acercarse, mirándolo fijamente a los ojos. — Soy Cindy del servicio técnico de donde recogiste el lente de tu cámara, por fin te encuentro, te estuve buscando por todas partes. — Dijo. Entonces, como abrazándolo y poniendo su mejilla contra la suya, la chica empezó a susurrarle en el oído. — Franky, tenemos que irnos de aquí, este lugar es muy peligroso. — Dijo Cindy. — Mira, podemos vivir una nueva vida aquí, serías muy feliz a mi lado, pues, ese será mi único objetivo, tu felicidad.

— Franky escuchaba mientras permanecía apoyado en el hombro de la hermosa muchacha que ya había visto. — Tu vida puede ser mucho mejor aquí, afuera lo único que obtienes es sufrimiento y lo sabes. — Las palabras de Cindy eran hipnóticas e iban de un lado al otro paseándose por su cabeza, al mismo tiempo su fragancia y suave piel, hacía que descansara en sus brazos. — Pues, Franky, debo decirte que tu abuela estará mucho mejor sin ti. ¿No ves en ella el sufrimiento diario, al ver a su nieto, perdido e indefenso, sin decisión, sin amor propio? — Las aterciopeladas y ligeras manos se movían entre el cabello de Franky y su espalda. — Creo que tal vez el cambio que necesitabas para que tu vida, comience a mejorar, es el que justamente ocurrió. ¿Prefieres volver y continuar el sufrimiento que generas a otros como a ti mismo? ¿Volver a tu vida insípida y limitada?

— ¿Acaso está en lo cierto? ¿Será posible que el Sr. F, encamine aquella realidad perdida a una mejor? ¿Puede que justamente aquellos actos extremos e influyentes que estaba llevando a cabo el Sr. F, fueran parte del cambio que necesitaba? Todo eran dudas en Franky. Entonces un sentimiento sombrío y melancólico entró en él, lo que decía la chica empezaba a tener sentido en sus pensamientos.

— Entiendo cómo te sientes y precisamente es por eso que estoy aquí, yo seré el apoyo que estás buscando, como el hombro que necesitas para llorar. — Entonces Franky, dando rienda suelta a su sufrimiento, se acurrucó en la hermosa chica y olvidándose de cualquier objetivo e idea anterior, permaneció casi hipnotizado entre aquellos suaves brazos. — Franky, tranquilo, ya estoy aquí. La dura vida que llevas adelante por supuesto traería consecuencias. No tener amigos desde siempre, pero aquí yo seré tu amiga, no conocer el amor verdadero de una mujer. Sarah jamás estaría contigo, pero yo sí. — Cada palabra de Cindy, lo hacía entrar más y más en su desdicha pues, se había convencido que lo que decía la despampanante muchacha, era cierto. — Estuve esperando este momento muchos años, y ahora, por fin estás aquí. —

Cindy, aferrada a Franky, parecía estar disfrutando el momento, pasando de una turbia preocupación, a un sentimiento de goce. Franky por su parte, inducido por Cindy, aborrecía lo absurdo de su realidad, lo que le dio un poco de repulsión hacia el mismo por haber actuado muchos años, de la manera en la que lo había hecho. Creía que aquel rol de víctima, sacrificado y hasta mártir que tomó en su vida, algún día acarrearía algún tipo de recompensa, pero lamentablemente ahora, cuando ya no podía cambiar nada, veía la falsedad de aquella idea. — Eso es Franky, sufre, arrepiéntete de tus actos y deja que la culpa entre en ti, en este lugar, nadie te criticara por ello. — Un olor intenso a humo, impregnó todo el lugar, mientras Franky, había caído indefenso en los brazos de Cindy. -

— Siente el dolor, experimenta el sufrimiento, llora si lo crees necesario, no intentes mitigar los sentimientos que nunca se irán de ti, así como yo no me separaré de tu lado. -

— Estaba aturdido, aquella chica tenía una voz seductora, unas manos ligeras y al estar pegado a ella, podía sentir su esbelta figura contra su pecho y piernas. — Eso Franky, déjate llevar por la rabia y tu enojo, por la tristeza y la desdicha, por la venganza y el rencor, por la lujuria y el desamor. — Franky quedó inmerso en gran oscuridad por un momento.
— Aliméntame Franky. — Dijo casi con la voz cambiada.

— ¡¡¡PUM!!! — Un gran estruendo se escuchó. Entonces la muchacha se separó de Franky, retrocediendo un par de metros con una mirada de incredulidad y ambas manos en el pecho. — No esta vez. — susurró Franky.

— ¿Qué hiciste? Pero... ¿Qué hiciste? — dijo sorprendida la muchacha. Entonces, sus ojos y boca se convirtieron en agujeros negros que aumentaban de tamaño, mientras humo negro y un fétido olor salía de ellos.

Franky con el revólver en la mano, volvió a sacar el seguro y apuntó a Cindy, la cual se le abalanzó intentando atacarlo, a lo que Franky volvió a jalar el gatillo, esta vez acertando a la cabeza. El cadáver de aquel demonio se desvaneció en humo negro que dejo un fuerte olor en toda lo planta baja del hotel.

3

Presionó el botón para llamar al elevador, se sentía liberado y anonado al mismo tiempo. Veía el cadáver desaparecer y dejar una humareda negra tras él.

Las palabras del anciano dieron pruebas de ser ciertas, aquel demonio en forma de una hermosa chica, se alimentaba del sufrimiento y dolor que sentía Franky, el cual ahora caminaba como si una carga se le hubiese sido removida. Habitación 601. — se dijo.

El ascensor sonó un pequeño campaneo y se abrió. El elevador parecía estar en mantenimiento, pero de alguna forma, había llegado a recepción, así que entró confiando que aun funcionaría. Presionó el botón circular con el número seis y después de un gran chirrido y golpe de engranajes, empezó a subir. Todo el hotel estaba hecho un desastre, parecía no haber recibido ningún tipo de cuidado en años y la cantidad de suciedad, moho y luces parpadeantes prontas a dejar de funcionar, denotaban, al igual que toda la isla, un ambiente abandonado y desatendido.

Después de un brusco movimiento, el elevador paró y las puertas luego de un breve campaneo se separaron a duras penas. Frente a él, el corredor del sexto piso del "Bella Muerte", las paredes desgarradas y el piso ahuecado, hacían juego con el resto del hotel. Así no era como lo recordaba Franky en sus vacaciones en CIUDAD 2, pero la isla consumía todo a su paso. Conociendo por experiencia pasada la ubicación del cuarto, se dirigió directamente y sin titubear y tomando la llave que le había dado su madre en una pesadilla pasada, abrió la puerta de la habitación 601 del "Bella Muerte".

4

El lugar estaba tan deteriorado que por un momento creyó que nada importante podría existir dentro. Parado en la puerta pensó lo mismo, hasta que, desde el interior de la habitación del 601, se escuchó un ruido. — ¿Quién está ahí? — Exclamó. Un nuevo sentimiento de coraje estaba creciendo en él, se sentía con mayor seguridad y confianza, evitando así sucumbir al miedo en tan pavoroso lugar. Caminó lentamente con el arma y la linterna empuñadas con ambas manos, siguiendo el sonido que había escuchado. Llegó entonces a la parte del balcón, se asomó y tomado fuertemente del agarrador, vio abajo, ahí estaba el gran océano, que se agitaba contra las rocas, el terreno del risco en el que estaba edificado el hotel se mostraba amenazante. Fue en ese momento, meditando con el mar, como si de un golpe a puño cerrado se tratara, se le aparecieron las imágenes de aquel recuerdo olvidado.

Era el final de la pesadilla inconclusa con la que había empezado todo, aquel sueño pasado en el que igualmente se encontraba en el hotel "Bella Muerte" y después de pasear por la feria había vuelto al hotel tras perder a sus padres. Precisamente había recordado el momento cuando entró en la habitación 601 en la que se encontraba de nuevo, donde anteriormente, el temor que le había causado ver lo que estaba en su interior, provocó que despertase de la pesadilla sin recordar que había sido lo que lo había turbado. Ahora lo sabía, qué, o mejor dicho, quién lo había perturbado al punto de sacudirlo de la cama; era el Sr. F, del cual no había descubierto aún su existencia, por lo que creyó que era su propia imagen la que lo miraba parado en la baranda del balcón. Había visto, en aquel sueño pasado, en el interior de la habitación al Sr. F parado en el agarrador de la terraza, de espaldas al gran océano de la mente, entre las manos, tenía una caja de vidrio con una bola de cristal en su interior, seguro era el recuerdo. En ese momento, al verse a sí mismo a punto de lanzarse al mar, provocó que quede por unos minutos paralizado, no supo qué hacer y aquella parte de Franky, que lo veía fijamente, sin ninguna expresión, se dejó caer de espaldas al abismo. La distancia entre el balcón y el mar era extensa, Franky pensó que ni un clavadista podría salir ileso de aquella gran caída.

La imagen de sí mismo "suicidándose", qué fue lo que inicialmente pensó, lo había removido entre las sábanas aquel día, quedando aquella memoria censurada en su mente. Pero ahora, con más conocimiento de la situación y recordando lo que había visto en aquella pesadilla, podía indagar un poco más en lo realmente ocurrió. Entendió que el Sr. F, quien se había lanzado al extenso mar, no estaba buscando el suicidio o la desaparición, sino que en un intento desesperado por ocultar aquel recuerdo de la muerte de sus padres y mantenerlo fuera del alcance de Franky, se lanzó con el cristal de luz al mar, a sabiendas que este era el lugar más peligroso de la isla, por lo que supuso que sería improbable que Franky entrase en él. También se dio cuenta de que la única persona que había podido entrar y salir de las profundidades del mar, tal como mencionó el anciano, había sido el Sr. F. Eso quería decir que había logrado esconder aquel cristal circular que envolvía el recuerdo, en el profundo océano y no sólo eso, pues, encontró la manera de no perderse en tan oscuro y recóndito lugar que sólo traería desaparición y aun contra todo pronóstico, escapar de él.

¿Pero qué es aquello que no quiere que vea? ¿Qué tan importante es para el aquel recuerdo, como para arriesgarlo todo y aventurarse en aquel negro océano? — se preguntó. La única manera que podría responderse, era haciendo lo mismo. ¡Ni loco! — se dijo en ese instante.

Entonces, sonó la puerta de la habitación, — ¿Señor Warner? Servicio a la habitación. Abra por favor. — Una voz de tonos altos y bajos que intercalaban se escuchaba tras la madera. — ¿Señor Warner? — La voz cambiaba y Franky se dirigió a la puerta de la habitación y miró por la mirilla metálica incrustada en ella. Entonces vio que había no uno, sino más de seis demonios dando vueltas esperando impacientemente entrar en la habitación. Caminaban de un lado al otro y la luz del pasillo estaba completamente apagada. — ¡Abra la puerta! — la voz parecía molestarse al no haber respuesta.

Entonces Franky regresó al balcón y nuevamente vio el oscuro océano que azotaba contra los cimientos del hotel. Sacó su arma y sin saber qué hacer volvió a la habitación, creyendo por un momento que podría contra aquellos espectros; sin embargo, al pegarse al ojo mágico de la puerta, observó que ahora la cantidad de siluetas que rondaban en el corredor era incontable. — Carajo. — Dijo en voz alta. El olor a humo penetrante y desagradable que entraba desde el pasillo provocaba mareos y arcadas en Franky, quien estaba contra la espada y la pared, o en este caso, contra sus demonios y el profundo océano. Los espectros estaban ya por romper la puerta de los sacudones que daban a la madera, ahora se habían limitado únicamente a llamar a Franky por su nombre, una y otra vez, lo que era tan molesto al punto que Franky prefirió estar en la terraza para dejar de escuchar esas infernales voces. Fue entonces que apoyado contra el agarrador, vio por tercera vez el gran océano negro y recóndito, sorpresivamente divisó en medio de las olas, una pequeña luz blanca que parpadeó por un momento, era el recuerdo que necesitaba. Era el mar o los demonios, uno de los dos tendrá que enfrentar. De todas formas, algo en él, le indicaba que el camino a seguir, era el oscuro océano, aparte del hecho que los demonios en el corredor eran muchos como para enfrentarlos, una corazonada le decía que debía saltar. Entonces, subió casi temblando a la baranda del balcón, hacia equilibrio con ambos brazos para mantenerse elevado un momento, mientras los demonios ya habían roto la puerta principal de la habitación. Pronto uno de los espectros, se asomó a la zona del balcón y lo vio parado en el agarrador a punto de caer al océano, a lo que él le devolvió la mirada, los ojos del espectro y su boca emanaban ese asqueroso humo que impregnaba todo con un olor vomitivo y empalagoso. Fue entonces que Franky, viendo que el espectro se le acercaba agresivamente y a toda prisa, cerró los ojos y se dejó caer de espaldas al infinito mar.

17. Jon

1

El Sr. F había alcanzado su misión, por fin, había dado con Mareca y podría estar a solas con él. El cuerpo del animal inconsciente yacía en el suelo a sus pies y aunque no tenía intenciones de herir al can, tuvo que hacerlo si quería moverse con libertad por la pequeña casa en la que se encontraba. La respiración del perro era agitada lo cual parecía conmoverlo, así que tomó una pequeña cobija que estaba en el único sofá del lugar y cubrió al animal. Claramente no sentía orgullo alguno de lo que había acontecido; sin embargo, no había llegado tan lejos para que la culpa lo invadiese y lo alejara de su objetivo.

La casa era muy apretada, de manera que se podía ver de un extremo al otro sin dificultad, las angostas paredes parecían estar hechas de yeso o algún material extraño, y los platos y vasos en el fregadero, periódicos acumulados de hace un par de meses y prendas de vestir por aquí y por allá, demostraban el poco tiempo que tenía el dueño para mantener su hogar al menos a flote. Estaba claro que Mareca vivía de forma muy desorganizada y perecedera. Era la casa de una persona deprimida o al menos desmotivada.

Al no tener muy claro cuál sería la hora de llegada de Mareca, cautelosamente se puso a inspeccionar el lugar indagando en cada uno de sus resquicios. Pensó que podría crear una escena o planificar la forma en la que procedería ante la llegada de su anfitrión; sin embargo, prefirió no llamar la atención y se limitó a cortar la luz y el cable de teléfono. Una vez en la estrecha habitación principal, revisó unos cuantos papeles que parecían haber sido lo último que Mareca había estado removiendo, pues estaban encima de la cama. Eran dos recibos de pago, uno de una pizzería local conocida y otra de aquel lugar de limpieza el cual había visitado Franky, era obvio que Mareca mantenía dos trabajos laboriosos y de bajo pago. Al mismo tiempo, también encontró dos sobres con dinero, ambos tenían como destino CIUDAD1, tenían fecha del día siguiente así que seguramente los enviaría por la mañana. Aunque no tenía intenciones de robar en la casa, abrió ambos sobres y vio la cantidad de dinero que tenía cada uno dentro, era un poco más de la mitad del dinero que recibía Mareca en sus dos trabajos, era obvio que vivía a las justas, no tenía mucho sentido trabajar tan duro para prácticamente regalar más de la mitad de sus ingresos mensuales a un destinatario en una ciudad que estaba a cientos de kilómetros.

Dejó entonces el dinero en su lugar y las cosas donde las había encontrado, ahora sólo debía esperar en las sombras a que Mareca regrese.

2

El sonido de una motocicleta se acercaba, eran casi las once y once de la noche, un poco tarde, el Sr. F se asomó cautelosamente a la ventana que daba hacia la entrada principal, quera ver si por fin era Mareca. Era él, estaba en un traje rojo con el logo de una pizzería conocida de la ciudad, el cual encajaba perfectamente con el que había visto en los recibos de pago anteriormente, observó también que llevaba dos cajas de pizza en las manos, seguramente algunas sobras que se trajo para la casa. Se lo notaba frágil, bastante fatigado y agobiado, parecía alguien con una vida compleja. Se le complicará aún más. — pensó el Sr. F. Se asomó entonces a la entrada y decidió esconderse en el espacio entre la pared y la madera de la puerta, de manera que al Mareca ingresar a la casa, quedaría justo de espaldas y sin ninguna protección. Las llaves en la cerradura hicieron un ligero ruido, entonces la puerta se abrió y Mareca entró buscando casi ciegamente el interruptor para encender las luces. Para su sorpresa las luces no reaccionaron. — Maldición. — dijo Mareca. — Qué pasó ahora, si pagué la factura. — Se lo escuchaba molesto. Pasaron unos segundos antes que la sorpresa fuese mayor, al no haber sido recibido con una ruidosa bienvenida de su can como solía ocurrir cada vez que llegaba a casa. Entonces paró por un momento, dejó ambas cajas como pudo en una antigua mesa que se encontraba pegada a la puerta, y empezó a llamar a su mascota. — Bobby. — dijo, era el nombre del perro, el cual seguía inconsciente en la otra habitación. Era de noche y una gran ventolera azotaba la ciudad, lo que provocó que Mareca escuchara el viento abrir y cerrar una de las ventanas de la casa, estaba casi seguro que algo estaba mal. — Hola   dijo ahora suavemente. Se le notaba el temor. — ¿Quién está ahí? preguntó subiendo el tono un poco y buscando ser autoritario. Entonces, sin titubear, salió el Sr. F de las sombras golpeó   con el mango del arma de su abuela la cabeza de Mareca, provocando que este caiga inconsciente al suelo.

3

— Hasta que por fin vas despertando. — se escuchó decir al Sr. F Pasaste más tiempo del que esperaba durmiendo, estabas cansado   notaba sarcasmo en su voz.

Mareca se encontraba atado y amordazado en una inestable silla de madera que había sido movida de la cocina a la sala, aunque se escuchaba el sonido de las patas de madera a cada movimiento que

Mareca realizaba, sus ataduras estaban lo suficientemente ajustadas, evitando cualquier acto de valentía. Al mismo tiempo, Mareca, movía los ojos de un lado al otro, girando lentamente la cabeza en señal de confusión y hasta desesperación. La cinta adhesiva raspaba sus mejillas, tenía el sabor de un trapo sucio en el paladar, el cual había sido introducido en su boca como mordaza, sentía en sus muñecas el ardor de la cuerda contra su piel, como también el gran golpe que había sufrido en la parte posterior de su cabeza, lo cual empezaba a marearlo nuevamente.

— Hey, no estés pensando que te dejaré dormir de nuevo, ¡despierta! — dijo el Sr. F mientras sacaba de uno de los bolsillos de atrás del pantalón el revólver de su abuela. — Ya me cansé de esperar. — dijo mientras se acercaba a Mareca, el cual al ver el arma acercándose, reaccionó inmediatamente abriendo los ojos en señal de sorpresa y temor. -

— Escucha, por como vives no sé si valores o no tu vida, pero si quieres permanecer en ella será mejor que hagas lo que te digo. — el Sr. F hablaba con impotencia. Entonces apuntó el cañón del arma que portaba en la frente de Mareca. — ¿Entendiste? — preguntó amenazante, a lo que Mareca movió la cabeza arriba y abajo, como afirmando que si lo hacía. — Mira es simple, lo único que debes hacer es responder moviendo la cabeza con un sí o un no, a las preguntas que te voy hacer, ¿Estamos? — Quería realizar un interrogatorio parecido al que tuvo con Franky en el subconsciente de su mente.

— Si — respondió Mareca con la cabeza

—Seguramente estarás confundido y no debes entender la razón por la cual estoy aquí.

¿no es así? —

— Si. — Movió Mareca la cabeza de arriba abajo

— Tranquilo ya llegaremos ahí y lo entenderás todo, primero déjame empezar con las preguntas. — Dijo el Sr. F como si tuviese todo planeado. — Antes que nada, una pequeña prueba ¿Tu nombre es Robert Mareca? —

—Si. — aseveró Mareca con un movimiento.

— Hum veo que quieres empezar con mentiras, de todas formas, esta te la dejaré pasar y continuaremos. — La mirada del Sr. F mostraba ironía y una mueca en su boca la confirmaba. —Pasaremos a otro tema y espero que empieces a responder con la verdad, ¿Es mucho el tiempo que vives en esta pocilga? —

— Si. — Respondió Mareca de la manera que le había instruido el Sr. F.

— ¿Cuánto tiempo dirías que es mucho tiempo? ¿Unos 10 o 11 años quizás? — siguieron las preguntas, y la voz continuaba siendo lo único que sobresaltaba en la oscura sala.

— Si. — Afirmó Mareca.

— Supongo que viniste por un cambio de aire. ¿no es así? — El Sr. F tomo una pequeña pausa. —Entonces Robert dime, tu vida parece ser extremadamente solitaria en este lugar, ¿no tienes una familia para alegrarte los días? No lo sé, quizás una esposa y un par de hijas — Por un momento después de la pregunta del Sr. F, el lugar quedó en silencio y Mareca no movía ni un pelo, su rostro pareció palidecer y vio con una mirada de asombro al Sr. F. — Vamos Robert, no hay razón para mantener información escondida, es más, si supieras hasta dónde llega mi conocimiento de ti, te darías cuenta de que es inútil que intentes mantenerme algo en secreto. Qué te parece si reformulo la pregunta de manera que puedas responder con mayor facilidad. — La mirada del Sr. F cada vez aumentaba la intensidad y Mareca sentía pavor tan sólo viendo aquellos oscuros ojos. — Robert, ¿Por qué abandonaste a tu familia para venir a este lugar? — Después de realizar la pregunta se formó una especie de sonrisa burlesca en su cara, mientras Mareca parecía ir entendiendo que el muchacho que tenía en frente sabía más de lo que imaginaba.

— Claramente no para vivir mejor, pues, no digo nada nuevo al decirte que tu vida aquí es un desastre. Vamos piénsalo, tienes dos trabajos de baja paga, vives en una zona baja y muy delictiva, no tienes amigos ni familiares cerca. No lo entiendo, sinceramente no lo entiendo, ¿Quién en su sano juicio cambiaría una familia feliz, un trabajo estable y una economía envidiable, por llevar la vida que ahora apenas consigues llevar adelante? — Mareca seguía escuchando todo en silencio; sin embargo, en sus ojos una angustia parecía consumirlo. — Quizás debido a un divorcio o separación con tu esposa; sin embargo, las recientes cartas entre tú y tu familia que tuve el privilegio de leer, sólo muestran que el amor sigue intacto. — Era cierto, pues, el Sr. F, mientras revisaba la casa cuando esperaba, tuvo el tiempo de leer algunas misivas que mostraban que Mareca y su esposa e hijas, quienes vivían en otra ciudad, tenían un amor inquebrantable. — Tampoco tiene sentido que estés acá por un tema de trabajo o dinero pues, claramente tu situación parece haber empeorado bastante. Y para agudizar aún más en tu desgracia, de ambos trabajos que tienes, envías más de la mitad de tu sueldo a tu familia en CIUDAD 1 — En fotografías que tenía Mareca en casa, claramente mostraba que había vivido mejores días. — Sinceramente si me lo preguntas a mí, diría que estás escapando de algo Robert, la pregunta es de quién te escondes o de qué, pero no te preocupes estoy acá para que lo podamos resolver. — Dijo el Sr. F sin mover ni un momento la mirada.

4

Se escuchó el motor de un viejo auto pasar cerca de la entrada, entonces el Sr. F se paró, parecía que, a pesar de demostrar tener el control de la situación, igualmente la paranoia poco a poco lo consumía, seguramente también era debido a los fármacos ilegales que había estado consumiendo para mantenerse despierto. Del otro lado Mareca, había quedado mareado, como desorientado, empezaba a darse cuenta de que el muchacho que tenía enfrente , no sólo era un ladronzuelo o un drogadicto que había entrado en su casa, sabía ahora que era algo más, que esta vez no sería el dinero lo que lo podría salvar, como alguna vez hace unos años que lo asaltaron fuera de su casa. Entonces, el Sr. F, después de abrir dos pliegues de unas cortinas de la ventana que daba a la calle, revisando el exterior y que todo estuviese en calma, volvió a sentarse y mirar directamente a Mareca, quien se mostraba claramente perturbado. — Veo que te vas dando cuenta de que no podrás escapar esta vez. — Mareca permaneció estático, sus ojos sin embargo empezaban a ponerse cristalinos, como si estarían por dar rienda suelta a las lágrimas; sin embargo, después de cerrar ambos párpados y un profundo respiro controló su impulso. — Creo que ya entiendes la razón por la que vine, es más, la razón por la que fui obligado a salir de las sombras para confrontar esta situación, creíste que engañarías a todos y lo hiciste, pero olvidaste algo, mejor dicho, olvidaste a alguien, ese alguien soy yo. —el Sr F denotaba una ira que aumentaba a mediada que hablaba y su voz parecía cambiar a tonos más bajos, así como también el negro de sus ojos consumidos en odio estaba aún más acentuado que cuando llegó. — Escucharme, ahora estoy seguro de que sabes el porqué de mi visita y espero que no intentes continuar mintiendo ni engañando, pues, conmigo no lo lograrás. Entonces qué te parece si recordamos lo que sucedió en la interestatal 66 aquel día de FECHA MUERTE PADRES. — Visiblemente el Sr. F estaba seguro que Mareca estaba relacionado con la muerte de los padres de Franky y el hecho que Mareca se demostraba tan afectado confirmaba, al menos para él, sus sospechas. — Una familia había esperado mucho tiempo el llegar de las fechas pascuas para poder tomar unas vacaciones y una vez llegó el día, partieron de casa para disfrutar de las bellezas que CIUDAD 2 tendría para ofrecerles. Fue uno de los mejores momentos que pasaron en familia, gozaron de paisajes, se deleitaron con comidas exóticas y finas, como también se vistieron elegantemente pues, era el momento que tanto habían esperado. — Ahora los ojos del Sr. F, estaban casi completamente negros y se movían de un lado al otro observando cada expresión que Mareca realizaba, el cual había empezado a soltar un par de lágrimas; sin embargo, logró controlarse. — De todas formas. — continuó   el Sr. F. — más allá de todo los lujos, comidas o paisajes, lo que realmente disfrutaron fue de un gran momento de paz y amor entre ellos. El hijo y los padres, tuvieron las mejores vacaciones de sus vidas, y estaban más unidos que nunca, más aún con el gran acontecimiento que les esperaba cuando terminen la vacaciones, el nacimiento de un nuevo miembro de la familia. Entonces llegó el último día, tenían que volver y aunque estaban tristes de que así sea, no podían esperar que se cumplieran aquellos 4 meses de espera para darle la bienvenida al nuevo integrante de esa pequeña familia. Tomaron entonces la interestatal 66 después de pasar un largo día en la playa disfrutando cada momento antes de su partida. El viaje de regreso parecía ser parte de las vacaciones, todo eran risas y canciones, cánticos y bromas, caricias y palabras de afecto. — En ese momento, Mareca ahora sí, empezó a derramar lágrimas casi incontroladamente, su nariz aspiraba los líquidos que empezaban a drenar mojando la tela sucia con la que había sido amordazado, así como también sino era por el trapo y cinta que tenía en la boca, se escucharán grandes sollozos. Parecía saber de qué el Sr. F estaba hablando — Fue entonces que un coche embistió por detrás al auto que transportaba a esta feliz familia, ocasionando un grave accidente. Y sabes quién conducía aquel coche causante del estrago, fuiste tú Jon, si, eras tú Jon. —No te llamas Robert Mareca, eres Jon Dee — Ahora si Mareca únicamente veía al suelo y las lágrimas caían en la vieja alfombra, que al estar percudida por algún líquido mucho antes y su oscuro tono, no dejaba ver rastros de las gotas que se derrumbaban en ella. El Sr. F, estaba seguro que Robert Mareca, en realidad era Jon Dee, quien conducía el coche que impactó al auto en el que él, su hermano no nato y sus padres volvían a CIUDAD1 aquella noche. — Mírame. — dijo el Sr. F. —

¡Mírame Carajo! — gritó, Mareca subió la mirada, sus ojos estaban totalmente rojos y venosos y mostraban una profunda ansiedad y dolor. — Tú aquella   noche chocaste con el auto de aquella familia provocando la muerte de ambos padres y del hijo no nacido que esperaba la madre y para demostrar tu total falta de conciencia, se comprobó que habías superado ampliamente el límite de velocidad de la autopista por lo que sabías   que serías declarado culpable por homicidio culposo y debido a este delito, la condena sería de entre 30 a 50 años de prisión. Hablaste con tu abogado quien te dio la misma noticia, entonces qué hiciste. Pues, escapaste, claro no podrías soportar 30 años estando sin libertad, pero no pensaste que le arrebataste la vida a tres personas aquella noche, no únicamente 30 años, sino toda la vida. — El lugar parecía estar aún más sombrío y la voz del Sr. F era de un tono bajo y casi infernal, algo casi desgarrador para cualquiera que lo escuchase. Por como Mareca lloraba y la desolación que se sentía en él, era casi obvio que aceptaba la culpabilidad de los hechos que el Sr. F iba narrando. — Pues, ¿quieres saber qué pasó con esa hermosa familia que volvía a casa ilusionada y descansada tras pasar unas hermosas vacaciones? Aunque creo que ya lo sabes te lo diré. — Mareca no paraba de lagrimear y parecía decir algo tras las mordazas. — Ambos padres quedaron estampados contra el parabrisas, con los rostros desfigurados, mientras la criatura que esperaba con ansias nacer, quedó aplastada por la puerta encorvada y atravesada por fierros que estallaron tras el accidente. Sin embargo hubo una persona que pudo sobrevivir a tu ataque, pues, fue un ataque más que un accidente, el sobreviviente fue aquel niño que quedó en el asiento trasero, observando claramente cada hueso roto, cada herida, sufrimiento y deformación que sufrió su familia ante sus ojos, intentaba observar una última vez los rostros de sus padres; sin embargo, la transformación por el gran impacto fue tal, que no pudo ni reconocerlos, vio como la sangre de toda su familia inundaba el coche en el que estaban, todo en medio de dolorosos alaridos y agonía absoluta, es más, aquel niño que pudo conservar su vida, está seguro haber escuchado como su hermano no nato en el vientre de su madre, lloraba del dolor de nunca poder haber nacido. — A pesar de lo que estaba diciendo, el Sr. F no parecía sentir tristeza, únicamente un odio profundo hacia la persona que tenía enfrente. — Todo el show que armaste aquella noche, sería algo que aquel niño jamás podría olvidar, algo que llevaría en su inconsciente para siempre, arruinando cada uno de sus días desde aquella fatídica fecha. — En ese momento Mareca volvió a bajar la mirada, parecía sentir aparte de desolación, vergüenza por lo que escuchaba y al mismo tiempo dejaba caer gotas densas y saladas al piso. En ese punto el Sr. F parecía disfrutar ver a Mareca sufrir. — Debes tener alguna idea del por qué tengo toda esta información, tal vez vas imaginando quién soy, y para dejar de posponer tu final, te lo diré. Jon, soy aquel niño que afectaste para siempre, aquel que observó con detalle y en primera fila, el grotesco final de sus padres, soy aquel niño que sobrevivió a tu ataque, al menos parte de él, sí, soy la parte que vivió con el recuerdo aquella noche, la que evitaba que el dolor salga del inconsciente, la parte que nunca perdonó, y la parte que el día de hoy cobrará su venganza. — El Sr. F sonreía, a pesar de la magnitud de sus palabras. Y su goce fue mayor cuando observó el miedo y pavor en las pupilas, en medio de un mar de lágrimas, de Jon. — No tiene sentido que intentes alejar el miedo y dolor de ti, pues, por experiencia sé que la impotencia que sientes, jamás te dejará. —

5

Un auto paró cerca y una puerta se abrió para después cerrarse fuertemente de un portazo. El Sr. F ahora estaba parado dando vueltas alrededor de la silla en la que tenía atado y amordazado a Jon, quien no paraba de llorar y su aflicción era muy notoria. — Después de tanto tiempo estoy frente a ti, pensé en este momento muchas veces, cada segundo disfrutaba imaginar tenerte indefenso y ahora aquí estamos. Supongo que tu cerebro estará repasando este momento y los posibles desenlaces que puede tener mi visita y seguramente estás pensando qué intenciones tengo para ti. Sin embargo, estoy seguro que sólo es una pregunta específicamente la que es dueña de tus pensamientos, quieres saber si saldrás con vida después de que termine aquí contigo, la respuesta Jon, es que no, hoy pagarás tus delitos, no con arrestos ni tiempo en prisión, hoy pagarás tus culpas con tu vida. — Algo pareció romperse en

Mareca en ese momento y empezó a sollozar a través de la tela que lo amordazaba, empapándola con saliva, era claro que intentaba decir algo que pudiese salvarlo mientras cerraba con gran presión ambos ojos suplicando por su vida e intentando alargar su trágico final. Aunque no se podía oír claramente lo que quería decir, parecía estar pidiendo perdón efusivamente. — No me importa lo que tengas que decir, este es tu final, estuve esperando este día muchos años como para retractarme ahora.

— Entonces el Sr. F cargó el arma y la puso en la frente de Jon. — Hoy se acabará tu vida y con ella te llevarás mucho dolor, sufrimiento e injusticias. Te llevarás mi vida; sin embargo, es como tiene que ser, por fin le daremos fin a este círculo de dolor, por fin cerraremos el ciclo. — Entonces, cuando el sr. F estaba por soltar el gatillo del arma de su abuela, tocaron fuertemente la puerta de la casa, y se escuchó que la persona tras la madera se identificaba como policía. — Qué carajo. — Preguntó el Sr. F.—¿Tú llamaste a la policía? — Preguntó amenazantemente a Jon, el cual, con un movimiento de cabeza, respondió que no.

—Es la policía. — Se volvió a escuchar desde afuera y los golpes e intentos por abrir la puerta aumentaban. — Abra la puerta. — Exclamó el oficial, quien había sido contactado por Hernández, el cual, al encontrar la dirección de Jon en la habitación de Franky, llamó a las unidades que estaban cerca de la casa, por lo que el oficial siguiendo las instrucciones de su superior, se dirigió a la dirección llegando así a la puerta de Jon. Al mismo tiempo la mascota que permanecía inconsciente en una de las alfombras de la limitada casa, empezaba a moverse, como si estuviera volviendo del desmayo; sin embargo, aún no se ponía en pie y solo emitía una respiración profunda. — Si no los llamaste tú porque   están en tu puerta? — preguntó el Sr. F. En tanto en el exterior, el policía que era el único que había llegado por el momento, intentaba desesperadamente abrir la puerta, mientras indicaba mediante su intercomunicador que estaba en el lugar donde supuestamente se encontraba el sospechoso del ataque en la universidad estatal. Por primera vez las cosas estaban saliendo de sus planes y parecía estar perdiendo el control. No sabía la razón por la que los oficiales estarían en el lugar, creía no haber dejado ninguna pista que lo involucrara con la casa de Jon. — Escúchame, iré a encargarme de este asunto, no quiero que muevas ni un pelo ni hagas ningún ruido o te torturare por días ¿entendiste? — Dijo el Sr. F con un tono amenazador. Jon movió la cabeza mostrando que no se movería y persistiría en silencio.

6

El Sr. F, se asomó a la mirilla de la puerta, se percató inmediatamente que afuera únicamente era un oficial el que intentaba entrar y ver por las ventanas si alguien se asomaba en el interior. Pronto llegaran los demás. —pensó. Sabía que no podría dejar a nadie entrar pues, inmediatamente verían a la persona que tenía cautiva, quien en la sala movía desesperadamente su cuerpo, tanto manos como piernas intentando liberarse de sus ataduras.

El policía volvió a tocar fuertemente la puerta, era obvio que sabía que había gente dentro, más aún viendo el auto con orden de captura de la abuela de Franky en la entrada, y la motocicleta de Jon en el pequeño garaje. — Abra, sé que está ahí. — gritó el oficial, parecía decidido a entrar en la casa. El Sr. F supo entonces que debía arriesgarse y tomar decisiones en el momento, algo que le costaba mucho, pues, no estaba acostumbrado a perder el control. Creía que la mejor manera para abordar la situación sería imitando lo que hizo antes que llegase Jon, por lo que se asomó a la perilla de la puerta y sacó el seguro, provocando así un fuerte eco tanto en el interior como en el exterior de la casa. El policía sorprendido escuchó el sonido de la puerta, le pareció extraño que nadie abriese la puerta tras esta ser liberada, por lo que decidió tomar la situación con cautela, más aún por su inexperiencia, ya que recientemente había obtenido su placa y había sido recibido como oficial de rango bajo. — Es la policía, abra la puerta. — volvió a exclamar; sin embargo, pasaron unos minutos y la puerta seguía sin abrirse, pensó por un momento que debía esperar a que llegase el Mayor Hernández y refuerzos al lugar; sin embargo, el oficial no pudo contenerse y el hecho que podría ser su primer arresto a un sospechoso, le incitó a entrar, quería sorprender a todo el departamento de policías, capturando al sujeto que había acuchillado a un joven en la universidad. Abrió la perilla y la puerta hizo un fuerte chirrido provocado por el movimiento de las bisagras. — ¡Oficial de policía!

¿Quién está ahí? — preguntó mientras aún se mantenía sin entrar por la puerta. Nadie respondió, por lo que decidió dar los primeros pasos y entrar en la casa. Inmediatamente se dio cuenta de que el lugar estaba completamente en tinieblas, buscó tanteando con la mano un interruptor en la pared, al encontrarlo intentó encender las luces, pero se dio cuenta de que no había electricidad en el lugar, hecho que despertó dudas en su mente. — ¿Quién está ahí? Salga de la oscuridad ¡identifíquese! — El oficial parecía estar sudando y sacó el arma que tenía en el portador de su cinturón y continúo caminando, hasta que después de dar unos cuantos pasos en la morada de Jon, el reflejo de un diminuto espejo de la entrada, le mostró que tenía alguien en sus espaldas, se dio la vuelta y ahí estaba, era el Sr. F, quien se le abalanzó para golpearlo, sin éxito, ya que, a pesar de su inexperiencia, el oficial sabía defenderse muy bien. Tomados por los brazos y atisbando golpes el uno al otro, parecía que no habría un ganador, iban de un lado al otro, golpeando paredes y cuadros a su alrededor, fue así hasta que el Sr. F, jugando sucio, si sería una pelea reglamentaria, dio un fuerte cabezazo en la frente y nariz del oficial, quien cayó inmediatamente al piso, parecía haberlo lastimado gravemente pues, la sangre no demoró en brotar por sus fosas nasales. Al mismo tiempo, para aumentar la paranoia y desesperación, sirenas que se acercaban al lugar llamaron su atención, era el oficial Hernández y refuerzos, no entendía aun como la policía podría estar llegando al lugar, pensaba no haber dejado evidencia que lo ligaría con la casa de Jon, hasta que en ese momento recordó aquel pedazo de papel con la dirección que había dejado en uno de sus pantalones, todavía cuando Franky aún tenía un poco de poder sobre el consciente e investigaba quién era Mareca. Carajo. — Gritó ferozmente, ahora sabía que tenía que apresurarse. Entonces volvió a la sala, el disgusto fue aún mayor al ver la silla, donde se encontraba su víctima, destrozada en medio del lugar y una de las ventanas abiertas completamente con las cortinas azotándose debido al viento, Jon había escapado. Era de esperarse, aún más a sabiendas de su ilegal situación y que aún era buscado por la policía a pesar que había escapado hace muchos años. Los sucesos parecían haberse salido de control para el Sr. F, estaba ansioso y su temperatura corporal parecía aumentar exponencialmente. Se asomó casi por instinto a la ventana, movió las cortinas y observó el exterior, dando con Jon quien estaba corriendo hacia su moto. Es ahora o nunca. — se dijo. Entonces saltó por la ventana y corrió con todas sus fuerzas a donde veía alejarse a Jon, mientras las patrullas parecían estar llegando. Se acomodó y perfiló de manera de tener a Jon en frente, tomó el arma con ambas manos, soltó el seguro y disparó. El disparo impactó en uno de los retrovisores de la moto quebrándolo, no logró dar con Jon. —

¡Carajo! — volvió a gritar, esta vez con mucha más fuerza. Corrió al auto de su abuela y siguió el rastro de Jon a toda velocidad con Hernández y la policía cada vez más cerca.

18. Déjà vu

1

Franky aún no llegaba al océano y la caída le pareció más larga de lo que preveía. Creía, al mismo tiempo, que su corazón estallaría o que sus ojos saltarían; sin embargo, logró por fortuna caer en el sector sin rocas filosas que seguramente lo hubieran atravesado.

El agua, al entrar en ella, le congelaba hasta las neuronas y a medida que se iba hundiendo, aquella luz que creyó divisar desde el balcón, había desaparecido. Sentía que el fondo del océano lo absorbía y aunque lo intentaba, no podía volver a flote, pues, la corriente, por alguna extraña razón lo succionaba hasta las profundidades. Poco a poco sus sentimientos iban decayendo y sus pensamientos eran confusos. No tenía ningún tipo de claridad y en ese momento creyó que todo había sido una trampa o un error. Era extraño, pues, estaba seguro de haber visto aquella luz blanca con aquel recuerdo que tanto había buscado; sin embargo, ya no estaba. Quiso subir la mirada hacia el cielo, pero por más que lo intentaba, las luces de la isla y de la luna, se habían esfumado hasta el punto de quedar únicamente en medio de tinieblas. Sintió entonces la desolación, el vacío y la angustia, supo que había fallado y, poco a poco, cerró los ojos y el mar lo encimó. No podía llorar, pero sentía que lo hacía a gritos y aunque creía no sentir su cuerpo, le dolían hasta las muelas y, por más ansias de vivir y retomar su realidad, en ese momento solo pensaba en la muerte y el alivio que esta le daría. La depresión y dolor fueron tales, que entró en un trance, algo como un desmayo, y empezó a divagar entre sus recuerdos y pensamientos mientras estos se desvanecían ante sus ojos. Creía estar en un cuarto oscuro sin ningún tipo de iluminación o en medio del universo, hasta que escuchó ser llamado y volteó, era su madre, aunque no entendía lo que le decía, ella le hablaba con mucho amor y paz, algo que le devolvió un poco de luz en medio de la oscuridad, vio también a su padre, quien contagiaba su optimismo como siempre lo hizo y con ellos vio a un niño, un pequeño niño que sonreía y era muy parecido a él, estaba seguro que era su hermano no nato, entonces los tres se despidieron y subieron por un monte y desaparecieron. Tras eso vio a Sarah, aquella muchacha quien parecía pensar en él, en ese momento a Franky no le importaba nada más que su amistad y dio gracias por ella, la realidad de por fin haber hecho una amiga le era suficiente y lo hacía feliz. Se entregó al océano, sabía que estaba en las puertas de la muerte y desaparición. Sin embargo, ya no le importaba, así que con sosiego dejó que el agua lo llevara donde ella quisiera. Entonces, aun mientras deliraba, vio a su abuela, no la vio como a los demás, no sonreía y no tenía brillo en ella, la vio en oscuridad, se la notaba completamente afligida e intranquila, sus ojos parecían haberse cansado de llorar, su cuerpo aún más frágil de lo que era daba la impresión que seguro moriría de angustia. Ese momento Franky volvió del trance y abrió de nuevo los ojos, no podía dejar sola a su abuela y lo último que quería era verla como lo hizo.

Entonces la suerte le dio una mano o tal vez, la corriente lo hizo, pero apareció a unos metros, aquel cristal con luz blanca e iluminadora que estaba buscando, aquel recuerdo que necesitaba, ahí lo tenía frente a él. Se estiró como pudo y aleteando y agitando todo su cuerpo, esforzando al máximo su voluntad, con la imagen de su abuela en zozobra, hizo como pudo para salir de la corriente que lo atrapaba y con la yema de sus dedos tocó   el cristal de luz.

2

Estaba por fin en el recuerdo que el Sr. F escondió, se encontraba en la playa siendo muy pequeño, justamente donde la memoria que había visto antes del accidente, había sido bruscamente interrumpida. Llovía torrencialmente y Franky y otros niños salían corriendo del mar para encontrarse con sus familias, quienes recogían sus pertenencias para así evitar daños por el agua. — ¡Hijo apúrate! — escuchó a su madre gritar a lo lejos, ya con toallas y demás pertenencias, colgadas en uno de sus brazos. Franky salió del agua y vio a muchos niños que se alejaban hacia donde estaban sus familiares, su padre y madre lo esperaban realizando señas para que se apurara; sin embargo, ya fuera del agua, y después de haber dado unos cuantos pasos hacia su destino, escuchó una voz que le hablo por detrás. — Franky. — oyó, era una voz suave y muy tranquila, entonces, paró por un momento y poco a poco se dio la vuelta. — Franky. — volvió a escuchar, la voz parecía salir del océano, entonces Franky se asomó de nuevo y vio su reflejo en el mar, era un niño, sus ojos brillaban y su rostro resplandecía. — ¿Quién eres? — preguntó Franky. El niño en el agua sonrió dulcemente, parecía un pequeño ángel, pues, todo en él era muy armónico, desde sus hermosos ojos, hasta su penetrante y melódica voz. — Levanta uno de tus brazos Franky. — dijo el reflejo. Entonces Franky hizo lo que el niño en el mar le dijo y elevó su brazo izquierdo como si estuviese saludando. Inmediatamente se sorprendió, ya que el niño en el océano igualmente subió su brazo. Entonces Franky realizó un par de movimientos, como poniendo a prueba a su nuevo amigo, mientras sus padres veían confundidos a su hijo, parado en medio de la torrencial lluvia, hablando con algo o alguien en el agua. — Soy tu amigo más próximo y quien siempre está cuando todo lo demás desaparece. — continuó el niño con aspecto angelical. — Soy aquel que te espera con ansias en las mañanas como aquel que te acompaña hasta que puedas dormir. Estoy contigo en las buenas y en las malas, y te conozco aún mejor que tus padres. — Agregó el reflejo del niño.

— ¿Eres un ángel? — preguntó Franky, parecía confundido y un poco sorprendido.

— No soy un ángel; sin embargo, te cuido como uno. — Respondió el reflejo, sus ojos traían paz y seguridad en Franky, por lo que, a pesar de estar bajo la lluvia, se mantenía atento a lo que el mar le decía. — ¿Quieres ver algo Franky? — preguntó. — Estrecha tu mano y toca la mía. — Franky levantó su mano izquierda y tocó el agua, entonces el reflejo en el mar hizo lo mismo, uniendo sus palmas. Entonces Franky y el niño en el océano fueron como transportados.

Estaban en una hermosa isla, el día resplandecía y la gente en los alrededores parecían pasarla muy bien, Franky reconoció el lugar, era la isla de las sombras donde ahora se encontraba; sin embargo, en aquellos días, todo era hermoso y no había sombras, más bien, todo estaba iluminado y armoniosamente ubicado, un gran sentimiento de gozo había en el ambiente. — Yo vivo aquí. — Franky viendo el recuerdo, observó que aquel niño que caminaba junto a él era el Sr. F hace muchos años. Caminaban tranquilamente y Franky sentía que estaba en el cielo o en algún hermoso paraíso, fue así hasta que después de caminar un tiempo, llegaron a una balsa que estaba a las orillas de la playa, en ella un anciano con una sonrisa y agitando la mano en modo de saludo. Franky estaba un poco confundido al ver que el lugar en el que se encontraba ahora, en algún punto y hace mucho tiempo, fue una hermosa isla de grandes emociones y sentimientos. — Franky, mírame.

— dijo el niño mientras paraba por un momento frente a la balsa. — ¿Mírame y dime qué ves? — agregó.

— Me veo a mí. — Respondió Franky tras ver al niño nuevamente.

— Pues, si Franky, yo soy tú y viceversa, siempre estaremos conectados. — el niño hablaba con una voz casi celestial. — Es así, pero quiero que veas algo más, Mira en mis ojos, mira en el iris de mis ojos y te mostraré algo. — Franky entonces se concentró en el iris brillante de los ojos del niño Sr. F y después de un momento se fue perdiendo en su gran iluminación y sintió el amor verdadero, paz interior y autoconocimiento. Todo pareció desaparecer y en ese momento, conoció lo que era el amor propio, un sentimiento el cual jamás había experimentado y juró que fue el mejor momento de su vida. Poco a poco fue volviendo del delirio y notó que estaba abrazado con el niño que tenía enfrente, un abrazo que los unía y donde Franky, por fin, se sentía seguro y amado, el amor más puro que jamás había sentido. — ¿Lo viste Franky? — preguntó el niño Sr. F. — Ahora sabes que lo único que quiero es verte bien, es verte feliz. — Añadió. Franky asintió con la cabeza, pues sintió confianza plena en el niño que tenía enfrente. — Sé que es así. —siguió. — Por lo que te pediré que hagas una cosa, algo simple, que te ayudará el resto de tu vida.

— El niño veía a Franky firmemente mientras hablaba y ahora tenía ambos brazos extendidos sobre sus hombros. — Ve a dar un paseo en esa balsa con el anciano, él te mostrará la isla y pasarán un gran momento juntos te lo prometo. — ahora reía un poco mientras hablaba. — El anciano te divertirá mucho y no le preocupes ni tengas miedo pues, él te cuidará y te quiere tanto como yo. — dijo el Sr. F. Entonces Franky, no dudó y después de despedirse del niño quien le dio un último abrazo, subió a la balsa con el anciano que aseguraba conocer y poco a poco se fueron alejando del Sr. F y de la arena de la playa.

3

Hernández, su compañero y una patrulla más, llegaron al lugar tras recibir el llamado de un inexperto oficial que se les había adelantado. Rápidamente, observaron en la calle que daba a la entrada, que no se encontraba ningún vehículo, como tampoco en el garaje de la casa, únicamente la patrulla del policía que se encontraba dentro. Algo que le pareció extraño a Hernández era que el novato oficial les había comunicado, mediante la radio, que encontró el vehículo de la abuela de Franky con la matrícula que estaba siendo rastreada;

sin embargo, el auto no estaba y tampoco el oficial respondía mediante el intercomunicador. Era como si la señal se hubiese cortado o no habría respuesta del otro lado. Caminaron ya con un mal presentimiento hacia la puerta de la pequeña morada de Jon, y un poco desconcertado, Hernández se asomó a la puerta y revisó que se encontraba destrabada, como mal cerrada. Sacó el arma y se dispuso a entrar después de dar una indicación a sus súbditos para que lo escolten lentamente. Entraron entonces por la puerta, a lo que inmediatamente un can se les abalanzó ladrando y mostrando los colmillos evitando que entren, el perro de Jon había reaccionado. — Maldición. — dijo Hernández viendo a su compañero, metió las manos en sus bolsillos y sacó una pequeña bolsita con maní dentro, algo que siempre llevaba consigo para combatir los nervios de ser un policía, prefería comer una botana y no fumar o tener alguna otra costumbre que pudiera dañarlo.

Tomó unos cuantos cacahuates de la bolsa y los puso en sus palmas y suavemente llamó al animal intentando tranquilizarlo. Bobby, como Jon había llamado a su mascota, se acercó a Hernández y casi con miedo tomó lo que el oficial le ofrecía y lo tragó inmediatamente, parecía tener hambre. — Ten. — dijo Hernández mientras entregaba la bolsa de maníes a uno de los oficiales que lo acompañaba. — Ve a la parte de atrás y alimenta al perro. — Agregó. Entonces el súbdito siguiendo las instrucciones de su superior, llevó al can a la parte de atrás de la casa y alimentó al animal tranquilizando su apetito y su agresividad.

Hernández entró y a los pocos pasos encontró el cuerpo inconsciente del inexperto oficial que se les había adelantado con sangre en su rostro y ropas— Davis, llama una ambulancia. — gritó Hernández, entonces el oficial Davis entró y vio el mismo escenario saliendo inmediatamente para llamar una ambulancia. El comandante siguió entrando hasta que llegó a la sala y encontró la silla completamente destrozada y partes de cinta adhesiva. —

La oveja negra

¿Qué pasó aquí? — se preguntó a sí mismo. Pensó en todo tipo de respuestas a su pregunta; sin embargo, nada tenía para que le indicase a ciencia cierta lo que había ocurrido en esa sala. Sintió el aire entrar por una de las ventanas y se asomó a ella y dio un vistazo mientras pensaba cómo proceder tras el nuevo giro que había dado la investigación. — El sospechoso no se encuentra en la casa, escapó. — dijo a través de su intercomunicador. — Sigan buscando el auto con la matrícula indicada, no puede haber ido muy lejos. — Agregó y salió de la sala, mientras Davis ya había llamado a la ambulancia e inspeccionaba al oficial caído.

Después de un par de minutos, apareció la ambulancia y el novato oficial empezaba a reaccionar, mientras se lo llevaban postrado en una camilla en la parte de atrás de la ambulancia. —Comandante. — dijo como pudo, entonces Hernández se le acercó para escuchar lo que su súbdito tenía para decir. — Comandante, llegué a la casa y después de inspeccionar, vi que estaba el auto con la matrícula buscada estacionado en la puerta. — tomó un respiro y continuó. —Toqué y me identifiqué sin embargo a pesar de que era obvio que había gente dentro, nadie respondía, entonces decidí entrar. — El novato parecía mareado y aun aturdido por el golpe sufrido. — Comandante, ese chico tiene algo, es enserio, comandante tenga cuidado. Lo vi en sus ojos mientras peleábamos, no pude con él a pesar que era muy delgado, había algo en él difícil de explicar. — Agregó el oficial, la oscuridad y dolor que había sentido al ver a el Sr. F a los ojos era más fuerte, aunque el golpe que había recibido. — Comandante tenga cuidado. — gritó justo antes que cerraran las puertas de la ambulancia para llevarlo al hospital más cercano.

Fernández se quedó pensando en los sucesos del día, había quedado ya perturbado por lo visto en casa de los Warner y todo lo que le había contado Delia; sin embargo, ahora su preocupación era mayor debido a lo que acababa de escuchar por la boca del principiante oficial que había sido herido. ¿Tendrá razón el padre

Gregor? ¿Será algo sobrenatural o algo demoníaco? -- se preguntó a sí mismo. No lo creo. — Respondió a su pregunta. — Tiene que haber una explicación razonable. — concluyó el pensamiento.

—¡Comandante! — gritó el oficial Davis. — Me acaban de comunicar que se vio el auto del sospechoso a unas cuadras, entre las calles 500 y 510 hace unos minutos. — informó Davis a Hernández, a lo que ambos subieron en la patrulla y se dirigieron al lugar.

4

Franky seguía en el recuerdo, aún perseguía los hechos de aquel trágico día en el que murieron sus padres. Veía al niño Sr. F, quien se había quedado en la playa, mientras él, se alejaba en una balsa con un anciano que aseguraba conocer. El anciano estaba parado con una túnica blanca en medio de la balsa mientras movía de un lado al otro los remos para alejarse de la playa. —Hola Franky. — le dijo. — Aún no sabes quién soy, pero créeme en un tiempo lo sabrás. — dijo el anciano al niño. — Como también debes estar pensando porque estás aquí y por qué tu amigo se quedó en las orillas. — el anciano estaba de espaldas y solamente remaba mientras Franky estaba sentado en la parte de atrás del pequeño bote únicamente escuchando atentamente. A su alrededor el agua era cristalina y podía ver cada uno de los peces multicolores que se paseaban, como también distintas piedras preciosas incrustadas en la arena, podía ver un arcoíris que recorría casi toda la isla. — Franky, ¿te puedo decir Franky? — preguntó el viejo, Franky respondió que sí con la cabeza y el anciano sin dar la vuelta y ver al niño, siguió hablando. — Franky, hoy será un día que cambiará nuestras vidas, tanto la mía, la del niño que dejamos en la playa y la tuya. —

— ¿Qué va a pasar? — preguntó Franky.

— Eso no te lo puedo decir Franky; sin embargo, aquel niño que dejamos en la arena, sacrificará todo para que tú no sufras tanto, por decirlo de alguna manera, aquel niño recibirá la bala en vez de ti e irá por un momento afuera y vivirá el trágico suceso que está por suceder. — El anciano hablaba con una voz melancólica. — Franky, en algún momento, tendrás que volver y resolver esto, pues, seguramente aquel niño que dejamos, después de presenciar lo que ha de presenciar volverá completamente transformado, —El anciano parecía estar por llorar, parecía querer mucho al niño de los ojos brillantes. —Deberás volver, y salvarlo de su propio ser. —Dijo.

5

— Franky! — la mamá de Franky sacó al niño del agua, quien parecía estar hablando con el mar. — ¿Qué te pasa Franky? ¿Qué hacías ahí? — preguntó.

El niño con unos ojos brillantes miró a la mama. — Perdón mamá, pensé ver a un viejo amigo. — Respondió. Nicole pensó que quizás su hijo hablaba de algún amigo imaginario o alguna fantasía por lo que no le dio mucha importancia.
— Bueno hijo, apúrate, mira que la lluvia, cada vez es peor, espero se detenga, pues, partiremos pronto Dijo, casi vaticinando lo que ocurriría pues, unos minutos después, la lluvia paró. Ya para ese momento, los Warner estaban recogiendo su equipaje del hotel, para volver a casa. El niño estuvo callado todo el trayecto, prácticamente apenas respondió a las preguntas, juegos y adivinanzas de sus padres quienes disfrutaban mantener estimulado a su hijo con acertijos y charadas. Tanto Henrique como Nicole, se sorprendieron un poco, pues, Franky siempre había disfrutado mucho ese tipo de actividades, de todas formas, intentaron no darle mucha importancia pues, al ser el último día de vacaciones, seguramente estaría experimentado algún tipo de nostalgia.

Después de recoger sus maletas y pertenencias, partieron saliendo de CIUDAD 2 con rumbo a casa, sabían que sería un viaje un poco largo por lo que pasaron primero por un lugar para comer algo rápido. — Franky, qué te parece si comemos una hamburguesa antes de volver. — dijo su padre Sabes que el camino es largo y no habrá nada luego.
— Agregó.
—No papá, estoy bien.—Respondió el niño.
— ¿Seguro Franky? Ya sabes cómo fue la última vez hablaba del viaje de ida, pues,

Franky había estado tan distraído y emocionado por llegar, que prefirió no comer nada antes de salir de casa y terminó alimentándose con únicamente carne seca y soda en una gasolinera a la pasada.
— Seguro papá, no te preocupes respondió el niño.

Entonces ambos padres bajaron del auto y tras la negativa de su hijo para acompañarlos, entraron solos al restaurante de comida rápida y después de veinte minutos salieron, tiempo en el que Franky estuvo esperando callado, viendo por una de las ventanas del coche.— Aquí tienes Franky, te traje algo para que comas, te conozco, seguramente más tarde tendrás hambre. — Dijo Nicole, entregando una bolsa con unas papas fritas y un sándwich.
— Gracias Mamá. — Respondió el niño.
— ¿Está todo bien Franky? — preguntó la madre.
— Si mamá, solo un poco cansado. — Estaba claro que algo no estaba bien; sin embargo, Nicole dejó a su hijo tranquilo y se acomodaron en el carro para continuar con el viaje.

6

— Franky espero que hayas tenido unas lindas vacaciones. — Nicole veía a su hijo a través del retrovisor del coche. — Tal vez en un tiempo podemos volver con tu hermanito cuando nazca — dijo mientras tocaba su estómago que estaba un poco hinchado por la presencia de un ser.

— Sí mamá. — respondió el niño, aunque parecía no tener ninguna motivación-

— ¿Estás bien Franky? ¿Pasa algo? — preguntó Nicole con un tono preocupado. veía a su hijo un poco distante y callado, como si algo se hubiese apagado en él.

— Mi amor. — Dijo Henry. — Déjalo, seguramente está cansado, fue un día largo. — Agregó.

En ese momento Franky seguía únicamente siendo un espectador en el recuerdo y estaba asombrado hasta casi pasmado, tras darse cuenta de la gran transformación que había sufrido el Sr. F en todo este tiempo. Se dio cuenta de que aquel niño de aspecto armonioso y que traía únicamente luz, tras presenciar la tragedia de aquel FECHAMUERTEPADRES, sucumbió ante la penumbra y poco a poco fue llenándose de odio y necesidad de venganza. De todas formas, Franky ahora entendía lo que desencadenó la maldad y oscuridad en el Sr. F, pues él había sido quien experimentó el accidente, para posteriormente esconder dicho recuerdo en el fondo del océano, pensando así que Franky nunca lo encontraría. Pero jamás imaginó que aquel recuerdo lo carcomería y, a pesar de que buscaba que Franky pudiese vivir un poco más tranquilo al no recordar lo que sucedió ese día, él definitivamente no, y como un virus el odio fue contaminando todo a su alrededor. Tardaron un par de horas en salir de la ciudad y hasta que por fin llegaron a la calle que los dejaría en la interestatal 66, Franky era el observador y aunque sabía el desenlace de la memoria, sentía como si fuese la primera vez que estaba viviendo aquel suceso de hace muchos años. La ciudad se fue apagando y el cielo perdiendo luminosidad, eran casi las 7 de la noche cuando Franky sintió algo, y el niño en ese momento empezó a ponerse nervioso mientras veía por la ventana del coche el inmenso bosque que rodeaba la larga autopista y sentía como si miles de sombras lo estuvieran persiguiendo. Entonces se escuchó la bocina de un auto gritar muchas veces, algo estaba pasando y en el retrovisor y reflejo de las ventanas se pudo ver las luces altas de otro automóvil que parecía ser el que causaba todo el alboroto. El niño se dio vuelta y vio las luces de aquel coche, parecía que el conductor quería decir algo; sin embargo, no pasó mucho tiempo hasta que ambos faros llegaron a asomarse hasta estrellar contra la parte trasera derecha del auto en el que se encontraba el niño y su familia. El sedán en el que se transportaban golpeó ligeramente a otro coche y luego un neumático subió contra la pared de cemento que tenía la interestatal en los lados, provocando que el coche vuelque tres veces sobre sí mismo, terminando de cabeza en medio de la interestatal 66 en medio de sangre y gritos. Las imágenes para Franky eran como las que pasaban en el cine, definitivamente sería una película de terror; sin embargo, realmente nunca había recordado dichas escenas y sinceramente prefería que se hubiesen quedado así, en el olvido. La imagen de su familia en aquel accidente era suficiente para traumar a cualquiera, incluso al más dotado de inteligencia emocional. Nunca olvidaría, las deformaciones, lesiones y grandes cantidades de sangre que vio, y aunque no estaba seguro, escuchó el grito del bebe no nacido en el vientre de su madre antes de morir. Después del tremendo suceso, el niño aún estaba despierto y dio una última vista a todo, buscando respuestas al sorpresivo momento que acababa de experimentar, intentaba hablar, pero no le salían palabras, sentía un gran dolor en la cabeza y en la parte derecha de su torso; sin embargo, por la adrenalina del momento, el dolor era casi imperceptible. Creía que estaba por caer, no sabía si se desmayaría o realmente moriría, pero rogaba que todo fuese un sueño o algo imaginado, de todas formas, a pesar de su corta edad, sabía que no era así. Al mismo tiempo, no tenía muchas esperanzas que sus padres podrían sobrevivir, debido a que en ese momento no parecían hacer ningún ruido ni siquiera una respiración leve, únicamente escuchaba un fuerte zumbido provocado por el impacto. Entonces justo antes de caer desmayado, el niño vio algo. Delante del coche a unos metros, salió el demente que había estrellado el vehículo de los Warner, estaba estampado contra la pared de resistencia más adelante y fue lo último que vio antes de cerrar los ojos. Aquel demente que vio salir de su coche, el culpable del accidente, era Jon.

7

El Sr. F estaba en el auto sedán de su abuela, aceleraba como podía, a pesar de que no era un coche con gran potencia. Había rebasado el límite de velocidad de las calles con creces, al igual que la moto la cual seguía vehementemente. —No se puede escapar. — dijo en voz alta, estaba completamente descolocado, parecía estar a punto de tener un ataque de nervios. Las venas de sus ojos alborotados, labios secos y la nariz goteando, indicaban que el no dormir y aquella sustancia que tomó para mantenerse despierto, tenía sus consecuencias. Jon en la motocicleta de la pizzería, evitaba coches e intentaba perder a su persecutor con curvas cerradas y atravesando callejones; sin embargo, el auto de la abuela de Franky aún le pisaba los talones. Pronto el Sr. F escuchó unas sirenas, y supo que la policía ya estaba al tanto de todo lo pasado en casa de Jon. Debo alcanzarlo, antes de que sea tarde. — pensó, mientras la ronquera en su voz era ya pronunciada y sus debilitados párpados querían cerrarse. Estaban saliendo de la ciudad y entrando en una zona un poco más rural y tras una curva en la que Jon por poco colisiona con un autobús, el Sr. F se acercó hasta el punto de estar prácticamente a un par de metros de la moto. El auto parecía gritar por el esfuerzo que generaba el motor y el Sr. F tocaba bocina con agresividad y parpadeaban las luces. — ¡No podrás escapar! — gritó por la ventana mientras cada vez se acercaba más. Al mismo tiempo, se escuchaba al oficial Hernández hablar por un megáfono desde la patrulla que los perseguía, advirtiendo a ambos que detengan los motores. Llegaron a un callejón de tierra y Jon entró por este, el Sr. F siguió la calle que seguramente llevaría al final de dicha calleja, aceleró bastante y por un momento ambos motorizados dejaron atrás a la policía. Para su mala fortuna, Jon salió antes de lo previsto y prácticamente quedaron como habían empezado, a unos cinco o seis metros de distancia, pero con la policía muy detrás de ellos. De todas formas, el Sr. F se lamentó aún más al percatarse de que la motocicleta de Jon se asomaba a un cruce de calles y seguramente como la moto había tomado velocidad debido a su ligero peso, no faltaría mucho para que el Sr. F pierda de vista completamente a su víctima. — Carajo es ahora o nunca. — se dijo a sí mismo. Tomado del volante, sacó la mitad del cuerpo por la ventana, mientras se posicionaba en diagonal a la moto de Jon, en su mano izquierda tenía el arma mientras con la derecha direccionaba. Una vez en la posición que necesitaba sabía que era su momento, entonces, no dudo y con la mano temblorosa, presiono el gatillo del arma. La bala impactó en el hombro derecho de Jon, quien después de tambalear por un momento con su moto de izquierda a derecha y viceversa, fue directo contra la vereda de la calle y se estrelló contra pared quedando herido. Por fin. — pensó el Sr. F mientras detenía el coche tras observar a Jon en el piso sin poder levantarse respirando fuertemente e intentando ver sus lesiones. — Es mi momento. — dijo en voz alta, sus ojos estaban completamente oscuros y veía con agresividad a su presa. Completamente absorbido por el último encuentro que tendría con Jon, por aquel último instante que tanto ansiaba, donde por fin vería al dueño de sus penas rogar por su vida y prácticamente en agonía. puso el pie en el acelerador y poco a poco empezó a acercarse a Jon, quien aún no podía ponerse de pie. Estaba seguro que por fin la raíz de sus problemas, de sus tristezas, de su dolor sería cortada, que podría por fin tener la paz que tanto había buscado desde aquel día. Estaba con una euforia y adrenalina que ya le habían quitado cualquier rastro que hubiese quedado de sueño y parecía como un tigre siberiano acechando a su presa. — Es tu final Jon. — gritó mientras cruzaba hacia su destino. Entonces todo se puso negro y sólo se escuchó un fuerte estruendo, un sonido que el Sr. F estaba seguro de haber escuchado antes, un sonido que le traía todo menos buenos recuerdos. Un tráiler que pasaba por el cruce de calles al estar en luz verde, estrelló contra el auto de la abuela de Franky, donde el Sr. F se relamía por llegar a Jon y darle fin a su zozobra. Había estado tan absorto en la venganza y el placer que esta le traía, que fue embestido justo antes de llegar a su meta, el auto daba vuelcos y choques de aquí para allá, hasta que por fin quedó estático boca arriba en medio de la carretera, un accidente casi fatal. Deja-vu — pensó el Sr. F antes de caer inconsciente.

19. Dulces Sueños

1

Franky fue sacado del agua, estaba congelado y temblando, aún no entendía bien lo que estaba ocurriendo; sin embargo, recordaba la imagen que estaba frente a él y que ya había visto antes. El anciano remando en un bote en medio de mucha neblina y oscuridad, la cual sería completa si no fuera por la lámpara de aceite que el viejo tenía acomodada a un lado.

— Lo encontraste. ¿no es así? — preguntó el anciano. — Sabía que serías tú el único que podría encontrar aquello que había ocultado el Sr. F. El agua movía el bote fuertemente de un lado al otro y Franky en medio de sus propias arcadas y ronquera, escuchaba la inquietud y agresividad de las olas. — De todas formas, ya es demasiado tarde, o al menos así parece. — El viejo mantenía su calma habitual en medio de la turbulencia y los movimientos bruscos que realizaba la balsa. Poco a poco Franky empezó a incorporarse y se sentó en la pequeña tabla que estaba como banca detrás de él, quedando con la imagen del anciano sentado de espaldas en medio de grandes olas y tremendas corrientes.

— ¿A qué te refieres con que es demasiado tarde? — preguntó Franky.

— Mira a tu alrededor. — Respondió el anciano. Entonces Franky observó lo que realmente ocurría, aparte del océano y su indescifrable humor, una lluvia negra se hizo presente y truenos retumbaban por todas partes. A pesar del ambiente escalofriante, era otra cosa lo que llamó completamente su atención y que seguramente era a lo que se refería el anciano. Algo estaba saliendo del agua, como una gran criatura o monstruo acuático. Era como si algo hubiese despertado en el océano y pronto lo cubriría todo. Mientras Franky advertía lo que se asomaba y veía como todo el mar cambiaba de color y se tornaba completamente negro, se escuchó un fuerte sonido, parecía como un cuerno o trompeta de guerra, pero con mucha distorsión.

— ¿Qué es eso? — preguntó Franky al anciano.

— Es el grito de la bestia Franky, es el final de nuestros días, ella viene por nosotros. — Respondió el viejo mientras aleteaba con los remos. — Tenemos que llegar a la isla, pues, si es que aún queda alguna oportunidad para nosotros, seguramente estará ahí — agregó.

— Espera — dijo Franky, notaba preocupación en sus gesticulaciones. — ¿Qué bestia? — preguntó. —No lo comprendo, llega al recuerdo que escondió el Sr. F, ya entiendo por qué odiaba tanto a Mareca o Jon, fue él quien causó el accidente en el que murieron mis padres, fue horroroso, ahora lo entiendo, entiendo su rabia, entiendo su dolor. — Dijo Franky.

— Puede que a él lo entiendas Franky, pero lo que viene por nosotros y lo que está por suceder, no lo entenderás, al menos no en esta vida. — Dijo el anciano mientras llegaba a la playa de las sombras dejando atrás el oscuro y problemático océano. Entonces ambos bajaron del bote y ya parados en la arena, dieron la vuelta para ver lo que salía del agua. La criatura era tan grande que se asemejaba a una montaña saliendo del agua, tenía dos grandes cuernos, dos fuertes brazos y la parte baja de su cuerpo seguía cubierta por el océano, los ojos con fuerte color rojo era lo único que se podía reconocer de su oscuro rostro y cada ola del océano parecía ser uno de los tentáculos que salían de su espalda. El océano era la bestia y la bestia el océano.

— ¿Qué es eso? — preguntó Franky aterrorizado.

— Eso Franky, es lo que algunos afirman ser el diablo, otros dicen que es la parca como también escuché que lo llaman leviatán, realmente no lo sé. Pero lo que sí es seguro que esa criatura es la misma muerte y viene por nosotros para llevarnos con ella al fondo del océano. — El anciano parecía mantener la calma, pero Franky vio que temblaba por el movimiento que realizaba la iluminación que provenía de la lámpara que tenía en su mano izquierda.

— ¿Por nosotros? ¿No lo entiendo? — la angustia en Franky se incrementaba.

— Existen cosas en esta vida que jamás llegaremos a comprender, pues, somos como hormigas Franky, hormigas en su hormiguero que está en medio de la construcción de una autopista, y que en algún momento nuestro hormiguero, debido a los trabajos de albañiles e ingenieros, será destruido. Nosotros como hormigas sólo entenderemos que están destrozando nuestra morada sin razones aparentes y por más que un ingeniero o arquitecto quiera explicar el porqué de la destrucción de su morada, las hormigas jamás comprenderán. Así como las hormigas, nosotros nunca deduciremos lo que está más allá de nuestra realidad, por lo que únicamente nos queda hacer el mejor hormiguero posible hasta que este sea pisoteado. — El anciano hablaba suavemente y con la mirada inamovible.

— ¿Estoy muerto? — preguntó Franky arrebatado.

— No, pero pronto la bestia tomará la isla y al llevarnos con ella, se irá todo lo que conoces, tus recuerdos, vivencias y sentimientos. Todos tendrán un final y se encontrarán cara a cara con la bestia, pero no pensé que el tuyo sería tan pronto Franky. — La voz del anciano notaba melancolía. Mientras Franky no podía creer lo que escuchaba. ¿Es mi final? — se preguntó. Realmente esperaba que no lo fuese. — Franky, de todas formas, debes saber que todo pasa por algo y que, si este es tu final, no podrás evitarlo. Franky sintió un temblor y volvió la vista a la criatura que tenían enfrente, los ojos rojos por un momento lo marearon y con pavor veía como la sangre en la mirada de la bestia se acercaba a la isla cada vez más.

— ¿Hay algo que pueda hacer? — preguntó. — Para evitar el final.

— Que la bestia vuelva al mar sin la vida que vino a buscar es algo casi imposible. Está aquí porque fue llamada para llevarse todo con ella. Sin embargo, si quieres intentar hacer algo que podría salvarte, ve a ver al Sr. F, él al caer inconsciente está aquí, en la isla. No te aseguro que esto salve tu vida, pero al menos podrás saber qué es lo que finalmente ocurrió. — El anciano hablaba sin ver a Franky únicamente con la mirada puesta en la bestia.

— ¿Dónde está él? — Franky estaba seguro que al menos pelearía hasta el final, hasta que la isla quedó totalmente inundada y arrastrada al fondo del mar, además quería saber qué es lo que había pasado y por qué la muerte lo acechaba.

— Solo tú sabes Franky, seguramente en algún lugar que él siempre recordará, quizás donde tuvo sus mejores momentos o el lugar donde fue feliz por última vez. — Franky, supo que sería en el Hotel, en aquella habitación que pasó las vacaciones con sus padres, por lo que, observando la urgencia de la situación, inmediatamente dio la vuelta y empezó a adentrarse en la isla, donde ya había estado, sabiendo que no le sería difícil ubicarse y encontrar el Bella Muerte.

— Espera Franky. — dijo el anciano tomando a Franky del brazo. — Debo mostrarte algo.

—dijo mientras se ponía en frente. —Mírame. — Entonces Franky miró al anciano a los ojos y esta vez pudo distinguir realmente el misterio tras sus ojos. Siempre había creído que el viejo tenía un ojo de cristal o quizás era tuerto; sin embargo, esta vez comprobó que, en realidad, el anciano tenía un ojo de un tono celeste casi blanco que brillaba hasta en la oscuridad y el otro tenía el iris color negro penetrante, el cual se confundía con la pupila, suele ser una condición médica la cual un porcentaje muy bajo de la población mundial la tiene. De todas formas, a pesar de que aquello le parecía un descubrimiento interesante, no era eso lo que el anciano le quería enseñar.

2

Era FECHAMUERTE PADRES y Jon estaba en un viaje que sabía que podría definir su futuro. Después de tantos años de esfuerzo y trabajo arduo, por fin sería ascendido y debía estar para la firma del contrato en CIUDAD 2. Había rentado una pequeña habitación de un hotel a las afueras de la ciudad y quedaba muy cercana a donde sería la reunión, sin mencionar que únicamente estaría en la CIUDAD 2 por dos días y una noche. Había llegado con un día de anticipación, no quería sorpresas, y ahora sólo esperaba el llamado de sus superiores para poder pactar exactamente la hora del encuentro y cómo procederían.

— Hola. — Jon contestó su teléfono. — Esposa. ¿Cómo te sientes? — Del otro lado una mujer hablaba con impaciencia. — Por aquí todo bien, por ahora estoy esperando el llamado de mi jefe para pactar todo y supongo que máximo a las 8 de la noche estaré de vuelta en el hospital de CIUDAD 1. — La mujer del otro lado del teléfono aún hablaba con fuerza y no parecía muy contenta. — Lo sé mi amor, por supuesto no me perderé el nacimiento de nuestra hija. — Jon estaba esperando el nacimiento de su segunda hija y entre los días en los que estaba estimado el parto, fue llamado por sus superiores para poder hablar y discutir la idea de un nuevo contrato, un ascenso que había esperado por casi 10 años. — No te preocupes mi amor, todo está planificado y únicamente debo firmar el contrato y partiré de vuelta a CIUDAD 1. manda saludos a Janice. — dijo Jon al teléfono. Janice era su primogénita y ya tenía 8 años, ella junto a Carla su madre, seguramente estarían ya en la clínica, específicamente en la sala de parto, esperando el gran momento, que según los expertos sería desde aquel día hasta unos 3 o 4 días posteriores. Jon esperaba que no fuese justo cuando él estaba fuera, así podría presenciar la llegada de un nuevo ser, por lo que a pesar de las buenas noticias laborales que esperaba se mantenía alerta y con un poco de ansiedad.

Finalmente, Jon fue telefoneado por uno de los gerentes y lo citaron en un conocido restaurante de CIUDAD 2, para su pesar, el lugar era lejos de su hotel, de todas formas, no le importaba mucho pues, había estado esperando aquel día mucho tiempo. Llegó pidiendo indicaciones a transeúntes y taxistas hasta que se quedó en las puertas del lujoso restaurante. Ni bien ingresó, se encontró con dos ejecutivos, uno que era el gerente general de la empresa y el otro su jefe de departamento, a quien ya conocía personalmente. Jon trabajaba en una empresa de fabricación y distribución de automóviles por todo el país y había estado peldaño a peldaño subiendo de cargo por casi 10 años, todo para culminar con el puesto de trabajo que se le estaba ofreciendo, gerente de ventas de CIUDAD 1.

Pasaron un par de horas conversando y al final, después de compartir un café y hablar de sus familias y de las capacidades que debería tener el nuevo gerente de ventas, pasaron a firmar el contrato. La suma de dinero que le ingresaría mensualmente incrementaría casi el doble de la que estaba acostumbrado, así como también los tiempos laborales serían más flexibles y menos pesados. Jon firmó sin dudarlo apenas leyendo el contrato, posteriormente vio con satisfacción a ambos ejecutivos quienes se pararon y le estrecharon la mano. Decidieron a modo de festejar, abrir una fina botella de champagne; sin embargo, a pesar que era una de las botellas más caras del lujoso lugar, Jon prefirió no tomar ni una gota, pues, como les contó a sus superiores, quienes lo entendieron de inmediato, debía volver casi inmediatamente a CIUDAD 1 por el nacimiento de su hija. Saliendo del restaurante, Jon recibió un llamado a su celular y se disculpó y se alejó por un momento. Era una enfermera, parecía exaltada y preocupada, le informaba a Jon que su hija estaba a punto de nacer pues, Evelyn, estaba sufriendo fuertes contracciones, por lo que él bebe se aproximaba. En ese momento, Jon casi se atragantó con su propia saliva y por un momento no dijo nada; sin embargo, después de preguntar el tiempo en el que su esposa daría a luz, se convenció de que llegaría, aunque sea con un poco de retraso, por lo que colgó el celular y rápidamente se dirigió nuevamente a la entrada del restaurant donde se encontraban sus jefes. — Me tendrán que disculpar caballeros. — dijo para después explicarles sin detalle la situación. Se disculpó por su abrupta salida y aseguró que el lunes de la semana entrante, estaría en la empresa de CIUDAD 1, listo para empezar con sus nuevas labores. Sus jefes, ambos con costosos trajes, expresaron total apoyo y confiaron que así sería, pues, en sus diez años, Jon siempre había sido un trabajador ejemplar y leal. Terminaron con una cordial despedida y los hombres bien vestidos le desearon que pudiese llegar a tiempo. Entonces Jon subió a su coche realizando una despedida con su mano, encendió el motor y rápidamente se dirigió al hotel donde había dejado su pequeña mochila con un par de calcetines, calzoncillos y una camisa limpia. Era lo único que necesitaba para un viaje tan corto. Pagó la habitación y dio una generosa propina a la encargada, para posteriormente salir corriendo de vuelta a su coche para emprender el viaje de regreso con las mejores noticias, su ascenso y mayores ingresos para la familia y su nueva integrante. Todo parecía estar saliendo aún mejor de lo que había planeado.

Aceleraba a un paso constante; sin embargo, no sobrepasaba el límite de velocidad, lo último que necesitaba era inconvenientes con algún policía. Poco a poco salió de la ciudad y entró en la interestatal 66, sentía la emoción de llegar al hospital y conocer a su nueva hija, había disfrutado mucho con Janice, su primogénita y realmente creía que la paternidad era algo innato en él, era un padre comprensivo y generoso.

Ya en la autopista que lo llevaría a CIUDAD 1 una llovizna cubría los cielos y humedecía el pavimento. Entonces, fue después de estar tras el volante por prácticamente hora y media, que con el pie en el acelerador intentó rebasar un camión que iba a paso lento; sin embargo, cuando intentó frenar sintió que su auto no bajaba la velocidad, volvió a presionar el pedal de freno y este no hizo efecto alguno, los frenos estaban fallando y él estaba practicante a 90km por hora y para aumentar su pánico, la velocidad aumentaba ya que el auto estaba embalado. Jon sintió que el corazón dejó de latir por un momento, sabía que estaba en peligro y no sólo él, sino los que estaban a su alrededor en la autopista. En ese punto, la noche ya se había adueñado de la atmósfera y creyó oportuno encender y apagar las luces altas, como también sonar el claxon cuantas veces sea necesaria, como advertencia de que algo andaba mal. Decidido entonces, que lo mejor que podría hacer sería mantener la calma e intentar eludir a los coches que se atravesaran, hasta poco a poco bajar la velocidad con la caja de cambio y que en algún punto pudiese subir el freno de manos. De todas formas, sabía que sería complicado debido a la cantidad de coches en la interestatal y la poca visibilidad del ambiente. Como era previsible, no pudo controlar el coche por mucho tiempo y después de un par de minutos, aunque intentó evitarlo de muchas formas, colisionó contra otro automóvil ocasionando un grave accidente. Ambos coches salieron disparados y después de dar un par de maniobras, Jon terminó estampado contra el cemento de la pared de seguridad de la autopista. Se tocó la cabeza y tenía un gran golpe; sin embargo, algo lo había aterrorizado, escuchó un fuerte alarido proveniente del coche contra el que embistió, el cual, estaba unos metros atrás totalmente destrozado. Jon sabía que algo malo había pasado por lo que bajó apresuradamente del auto que conducía y notó que el motor emitía sonidos extraños indicando que había sufrido graves fallas. Atemorizado y con cautela se asomó al coche contra el que había impactado, a pesar que la lluvia y la noche no permitían una visión clara, observó que ambas personas que estaban en los asientos delanteros parecían estar muertas, esto infirió debido a que no realizaban ningún movimiento y por la cantidad de sangre esparcida tanto en el tablero y ventanas. Intentando quitar la mirada de aquel grotesco suceso, revisó la parte trasera del coche, a lo que observó un niño que lloraba, parecía estar impactado por lo sucedido e intentaba, desesperadamente, abrir las puertas y salir; sin embargo, no lograba quitar el seguro debido a la torcedura que había sufrido el automóvil en el que se transportaban. El niño pedía ayuda con la mirada y la sangre en su rostro parecía indicar que pronto podría ocurrir lo peor. Al mismo tiempo Jon observó, en el motor destrozado del coche que transportaba a la familia que parecía estar muy herida, un goteo de aceite o gasolina, lo que empezó a preocuparlo, pues, el chorro se asomaba a un corte que generó el circuito eléctrico del coche. Pronto explotará. —pensó Jon. Entonces sin dubitativa, volvió a su coche en búsqueda de una llave suiza que tenía siempre en su guantera, en caso de una llanta pinchada o una falla en el motor. Temblando encontró la herramienta y rápidamente volvió a salir, pero esta vez corriendo, se acercó al coche que había embestido y notó claramente que ahora, el niño que había visto y que lloraba por ayuda, estaba postrado en el asiento trasero, parecía haberse desmayado. Aceleró el paso y fue directamente a la ventana posterior del coche y con un golpe seco con la llave suiza rompió el cristal. Evitando cortarse introdujo ambos brazos por el orificio que había creado y logró sacar al niño suavemente del coche, el cual respiraba, pero aún mostraba estar inconsciente. Jon entonces se alejó cuanto pudo pues, temía que el auto explotase y cumpliendo su vaticinio, así fue, pues, tras un par de minutos, cuando ya se encontraba, con el chico en los brazos parado a unos metros, el automóvil y ambas personas que aparentaban estar sin vida, estallaron en los aires provocando terror en los curiosos que se acercaron al lugar de los hechos. Pronto llegaron ambulancias y policías y Jon se mantuvo siempre cooperativo, entregó rápidamente el niño a los paramédicos y colaboró en cuanto pudo con los investigadores, a pesar que él también estaba en estado de shock y con un brazo roto.

Pasaron noches tras noches y Jon aun no podía conciliar el sueño, la imagen de aquel niño llorando en la parte trasera del coche tras el deceso de sus padres, lo perseguía por todos lados, aun mayor que el dolor por el brazo destrozado y puntos de sutura que recibió en la frente, sentía la devastación de pensar en el horror que había ocasionado. Intentaba sentir algo de felicidad por el nacimiento de su hija, que había nacido en la madrugada del día siguiente al accidente; sin embargo, no lograba hacerlo. Apenas vio a su hija recién nacida, con lágrimas en los ojos le dio un par de besos en la frente y la regresó con la enfermera. Su esposa, le intentaba demostrar que él no había sido el responsable, ella sabía que Jon era muy estricto con respecto a las normas y leyes y no concebía el hecho de que pudiese haber cometido tales actos de irresponsabilidad, de todas formas, era inevitable para el que la culpa lo invadiese.

Pasaron los días y semanas y las pericias e investigaciones de la policía avanzaron, Jon hablaba constantemente con el abogado de la empresa, el cual también era un amigo para él. Este le informaba la actualidad del caso y que sentencia perseguiría la fiscalía y familiares de la familia Warner. En un principio Jon creía que el hecho que los frenos le hayan fallado podrían salvarlo de una sentencia prolongada; sin embargo, poco a poco el abogado le fue comunicando que esto no sería así. La fiscalía, quería demostrar la culpabilidad de Jon y su irresponsabilidad a toda costa, por lo que la defensa, necesitaba mediante todos los medios demostrar que el fallo había sido mecánico y no humano y en las palabras del abogado, esto sería casi imposible debido al deplorable estado actual del coche. El momento era tenso, hasta el día que el abogado le dio las malas noticias, el fiscal, a sabiendas que la defensa se caía a pedazos, había indicado que buscaría la pena de 30 a 40 años por homicidio culposo y si el acusado se declaraba culpable podría ser minimizado a la mitad, sin ningún tipo de libertad condicional. — No me declararé culpable de algo que no hice. — dijo Jon, defendía que el problema había sido mecánico y que él jamás tenía la intención de superar la velocidad permitida en la autopista, y menos aún poner vidas inocentes en riesgo. Sin embargo, a pesar de su constante defensa e intentos de demostrar su inocencia, su amigo y abogado le dijo que a pesar que había hecho todo a su alcance para demostrar la falla en el coche, debido al impacto y que el sistema de frenado del coche no parecía tener imperfectos, había sido muy difícil conseguir pruebas que confirmen lo que Jon sostenía fehacientemente y para complicar aún más la situación, habían testigos oculares presentes en el lugar que declararían en su contra, sin mencionar las cámaras en la autopista que únicamente mostraban el accidente que había provocado. Con la nueva revelación, Jon se hundía en una fuerte depresión, sabía que su familia, a raíz de la llegada de una nueva integrante, necesitaría claramente una mayor cantidad de dinero, tanto para la crianza de la menor, como para los estudios de la mayor. Su esposa no trabajaba, pues, sufría una fuerte escoliosis que, cuando hacía esfuerzos pronunciados, tenía recaídas en las que apenas podía pararse de la cama, por lo que había dedicado su vida exclusivamente a los trabajos de casa y crianza de la niña y ahora que recién había dado a luz, estaba claro que la situación no mejoraría. Jon meditó día y noche por tres semanas; buscaba alternativas, buscaba respuestas. Sabía que no podría hacer mucho desde la cárcel y en ese punto, lo único que realmente quería era que su familia no pasara por momentos tan duros como el de cuando era niño, pues venía de una madre soltera que apenas tenía para darle de comer y refugiarlo de la noche. Repasaba diversas opciones para que su familia pueda seguir a flote sin ser él quien maneje el timón, sin embargo, no le encontraba solución a su pesar. Estaba al tanto de la imposibilidad de su esposa para trabajar y más después del parto, como también sabía que por su parte no tenía familiares cercanos que pudieran apoyarlo económicamente y su esposa tenía una madre y una hermana dispersas por el país, con las que apenas tenía contacto, estaban solos. Inmediatamente pensó en vender todas sus pertenencias y poner a disposición todos sus ahorros para q su esposa e hijas pudiesen vivir una vida digna al menos por un tiempo; sin embargo, una de sus pertenencias de mayor valor había quedado destrozada en el accidente, sin contar que logró apenas terminar de pagar las cuotas con la compañía de automóviles que le vendió, el ahora destrozado coche. De igual manera no había logrado ahorrar suficiente dinero como para sustentar una familia por un tiempo prolongado, pues, el dinero que recibía antes del ascenso que acababa de recibir, no era suculento y a pesar que podía vivir tranquilo, no era suficiente como para tener una gran cantidad de dinero ahorrado. No era el mejor escenario y todas sus alternativas parecían haberse terminado o ser demasiado riesgosas o absurdas. De todas formas, estaba seguro que no dejaría a su esposa ni hijas a la deriva y menos aún que para sobrevivir debían recurrir a trabajos del bajo mundo, como tuvo que hacerlo su madre cuando él crecía. En sus años de juventud, después de pasar por un par de internados, a la edad de 17, Jon decidió enlistarse en el servicio militar, no quería estar cerca de su madre y sabía que estar en medio de militares lo ayudaría con los problemas de la adolescencia que avasallaban. En una de sus expediciones, cuando su pelotón realizaba las vigilias de rutina, conoció a un muchacho con raíces africanas llamado Carl, con el cual se volvieron amigos rápidamente. Aquellos dos meses de concentración en un interminable bosque, lo pasaron juntos, fueron casi inseparables y para cada actividad, ellos siempre participaban como compañeros. Sin embargo, el final de las actividades pre militares y de prueba se asomaba y Carlos y Jon finalmente se separaron, ya que vivían en ciudades distintas. De todas formas, eso no evitó que su amistad continúe y se fortalezca al punto de tener constantes conversaciones telefónicas y en una o dos ocasiones, ya ambos con sus familias establecidas, tuvieron la oportunidad de compartir todos juntos. Carl, era como un amigo de la casa; sin embargo, por temas de trabajo, vivía a muchos kilómetros de Jon. Al ocurrir el accidente, Jon después de unos días habló con Carl para compartirle su angustia, quizás para que su amigo pudiese decirle algo que lo reconforte o lo guíe en el momento difícil que estaba atravesando. Carl no dudó ni por un instante de la inocencia de Jon y se apenó bastante cuando se enteró cómo pintaba el panorama, estaba seguro, al igual que todas las personas que conocieron a Jon, sabía que él jamás tendría intenciones maliciosas ni cometería actos graves de irresponsabilidad que peligren su vida ni la de los demás. Jon, le pidió algo así como un último deseo y era que en el caso que fuera declarado culpable, lo cual era muy probable, el intentase ayudar a la familia de este con lo que pudiese. Carl respondió enseguida que lo haría, aunque le advirtió que sus recursos eran escasos y que le sería muy difícil hacerse cargo de tres personas cuando apenas luchaba con mantener a su propia familia; sin embargo, haría lo posible para al menos buscar un empleo desde casa para la esposa de Jon, algo que no sería nada fácil. Jon sabía que era verdad, pues, Carl tampoco gozaba de una vida lujosa ni llena de recursos y sólo había hecho tal pedido por la desesperación que sentía en el momento. Por días, Carl escuchó el descargo de su amigo y discutió con él acerca de opciones que podría llevar a cabo para mejorar el futuro de su esposa y dos hijas, en el futuro próximo y brusco en el que él ya no tendría posibilidad de hacerse cargo. Fue así, hasta una noche en la que Jon no pudo contener el llanto, pues, había sido informado del probable desenlace, noche en la que Carl, al escuchar la angustia de su amigo, le propuso una alternativa poco decorosa y muy arriesgada; sin embargo, la única que podría salvarlo de su trágico final en la prisión. — Debes escapar. — le dijo Carl mediante una llamada telefónica. — Tengo personas, ya sabes, contactos que quizás podrían ayudarte Jon. En la tienda de calzados en la que trabajo, un compañero extranjero con el que hicimos amistad, me comentó su situación ilegal en el país, claro que confidencialmente, me dijo que, debido a la pobreza extrema de su país, escapó buscando una vida y llego acá a CIUDAD 3, el podrá ayudarnos, en caso que escojas esa nueva vida. No ganarás mucho dinero, pero te ayudará a mantener a tu familia y al menos, evitar pasar años encerrado por algo que no hiciste — En ese momento Jon no lo dudó, no haría tal locura, no se le daba por romper las reglas y menos aún actuar como un delincuente y darse a la fuga. Sin embargo, a medida que el tiempo se terminaba y la sentencia se asomaba, Jon empezó a considerar la idea de su amigo. Estaba al tanto que era algo muy peligroso y en caso que lo descubriesen, la sentencia sería prácticamente de por vida. El hecho de tener que cambiar de identidad era algo que le daba escalofríos, ni en sus pesadillas más lúcidas se había visto siendo un fugitivo o alguien con problemas con la justicia. Todo había cambiado muy rápido y era algo extremadamente desesperante para él. En una de las muchas noches que Jon pasó sin dormir, fue un pensamiento que lo terminó de convencer. Imaginó el peor de los escenarios, en donde, tras unos años de vivir a las justas, su familia se quedaría sin dinero, por lo que sus hijas tendrían que buscar trabajos poco honrosos y buscarse la vida. Eso era justamente lo último que Jon quería, prefería correr el riesgo que sea necesario para evitar que sus hijas a edades muy prontas, deban recurrir a otros hombres para sustentarlas. El sólo hecho de pensarlo le dolía y torturaba su alma, entonces, a pesar que era un poco más de la una de la madrugada, llamó a su amigo con un anuncio más que importante. — Carl, ya lo decidí. — dijo apresuradamente. — Escaparé. — Agregó casi susurrando. Al mismo tiempo le pidió que contactase con aquel inmigrante compañero de trabajo de Carl, para que al menos pudiese encontrarle un lugar donde llegar y un trabajo de mesero o repartidor para empezar con su plan. Finalmente llegó el día que había pactado para escapar y así lo hizo. Dejó a su esposa, sobre el mesón de la cocina, todo el dinero que tenía disponible, un celular y una carta, en la cual decía que había decidido evadir su sentencia y que guardase el celular que había dejado como si fuese oro, pues, este sería el medio por el que se comunicaría con ella, tanto para ver la manera de enviarle el dinero que prometió mensualmente, así como para tener contacto con sus hijas. También como posdata le pedía, aparte de que escondiese muy bien dicho celular, que quemase la carta y borrara cualquier rastro para evitar ser perseguido. Después de una semana, en la que tuvo que transportarse mediante carros fruteros y camiones de carga, por fin llegó a CIUDAD 3, donde rápidamente fue al lugar que le había indicado Carl, con el cual evitaría tener contacto personal al menos por aquel momento. El lugar que le habían conseguido era algo así como un refugio para gente sin recursos y afectados mentalmente, era un cambio muy brusco para él; sin embargo, aguantó todo únicamente por amor a su familia. Al mismo tiempo le consiguieron una entrevista de trabajo en una pizzería local, donde pasó la prueba y fue contratado como repartidor. Pronto Jon, o Robert como empezó a hacerse llamar, a pesar de la paga y propinas en la pizzería, sabía que el dinero era muy justo tanto para él como para su familia, por lo que decidió buscar un segundo trabajo. Entonces , conversando con sus compañeros repartidores, uno de ellos, le contó que la empresa donde trabajaba su prima estaba buscando personal, la empresa era BODAS Y EVENTOS CIUDAD 3, Jon no dudó e inmediatamente se apersonó en el lugar y tras unas semanas consiguió el trabajo, esto al mismo tiempo le ayudó conseguir dinero para el alquiler de una pequeña casa en una zona de recursos bajos de CIUDAD 3; sin embargo no le importó mucho pues, prefería dicho lugar a aquel refugio donde pasó casi un año. Le dolía profundamente no tener a sus hijas cerca y que a una de ellas apenas haya podido verla cuando recién había nacido; sin embargo, buscaba cabinas telefónicas y puntos móviles para llamar, cuanto sea posible a su familia, no quería pensar siquiera en que su familia pudiese olvidarlo, por lo que a pesar de estar trabajando prácticamente todo el día en trabajos laboriosos y de baja paga, donde tuvo que cambiarse de identidad y conocía a muy poca gente, el fuego que movía su interior era la imagen de cuatro rostros, su esposa, sus dos hijas y aquel niño que sacó del auto el día del accidente, el niño que salvó del mismo destino de sus padres. Franky.

20. La oveja negra

1

—Sabía que aparecerías por aquí, Franky. — El Sr. F estaba con la mirada puesta en la enorme bestia que salía del mar, mientras yacía parado en el balcón de la habitación 601 del Bella Muerte. — Supongo que era previsible que vendrías, pues, sabes lo que esta habitación representa para nosotros. — Franky lo sabía, el lugar había sido testigo de los últimos días que compartió con sus padres antes de la muerte de ambos. — De todas formas, ya nada importa, Franky, es el final. — dijo aún con la mirada en el océano y el magnífico y terrorífico ser que cada vez se acercaba más, tanto a la isla como al balcón del Hotel. — ¿Ves aquello que se asoma? — preguntó. — Ese monstruo, es la misma muerte y está aquí para llevarnos con él, al fondo del océano. El final es inevitable Franky.

—Respondió a su propia pregunta. — Y es toda mi culpa, fallé. — apresuradamente, continuó—, la voz del Sr. F estaba menos tensionada que otras veces, ahora todo en él notaba profunda frustración y ansiedad. — Estaba seguro de que podía lograrlo, que podía llegar al final sin caer, pero me equivoqué, estuve cerca, pero no lo conseguí — repitió. —No lo entiendo, pasé tanto tiempo preparándome para ese momento y lo eché todo a perder. —La mirada aún persistía en la bestia, como observando de cerca el final. — Ahora todo terminó. — Agregó con desgano.

— ¿Prepararte para qué? ¿Para matar a Jon? ¿Para cobrar venganza? — preguntó Franky, quien estaba en la habitación observando las espaldas del Sr. F y el tremendo escenario tras su figura.

— Franky, no es cuestión de venganza, es cuestión de justicia. Tú ya viste lo que pasó, por eso estás aquí. ¿No es así? Encontraste el cristal con el recuerdo. Lo sé, pues, aparte de estar completamente mojado por las aguas del océano, tu mirada cambió. Y claro que lo haría, era previsible después de lo que acabas de ver, tal como me pasó a mí hace muchos años, Franky aún estaba goteando tras haber salido del mar; sin embargo, no temblaba por frío, sino más bien por lo que vio tras aquel cristal. —Viví años tras años con las horrendas imágenes que recién aparecen ante ti y, para que tú jamás las encontrases, escondí el cristal con el recuerdo en el lugar más profundo de la isla, en sus recónditas aguas. — La bestia estaba próxima a la isla y con ella traía una fuerte ventolera que azotaba fuertemente todo a su paso, mientras sus tentáculos invadían poco a poco la playa vaticinando su llegada. —Sinceramente, estaba seguro de que en algún momento encontrarías aquella memoria. A pesar de cualquier maniobra que realizase para esconderla, sabía que llegaría el día que saliera a la luz; sin embargo, esperaba haber cumplido mi objetivo para entonces. — Agregó.

— ¿No mataste a Jon? — preguntó rápidamente y sobresaltado Franky. Sentía un alivio de escuchar que tal vez el Sr. F no había cometido el asesinato que seguramente lo seguiría para siempre.

— Lo tuve en mis manos, pero no pude matarlo. El destino pareció jugar a su favor y terminé aquí. — Respondió el Sr. F. Franky sintió por un momento consuelo al saber que el Sr. F no había cometido aquel crimen. Sea que esté por morir o vaya a vivir, no quería ser recordado como un homicida. — Pareces aliviado de que no haya matado a ese asesino. No lo entiendo. — Dijo el Sr. F, sin darse vuelta y aun observando el océano y la criatura que salía de él.

— Es así. — dijo Franky. — Jon no merecía morir y creo que fue correcto que no lo matases. — Añadió.

La oveja negra

— ¿Crees que por elección no lo asesiné? — El Sr. F parecía enfadarse. — La presa estaba caída y en agonía. Por fin tenía todo el poder y control de la situación, podía sentir la sangre como un tiburón y los latidos en mi corazón casi no me permitían respirar, mi alma se regocijaba a cada paso que daba hacia mi víctima. Pero… — Entonces el Sr. F tomó una pausa, como si el sentimiento que estaba volviendo a vivir al contar lo ocurrido, se desvanecía como también lo hizo en aquel momento.

— Pero, ¿qué? — preguntó Franky, que había quedado absorto en lo que su sombra le contaba.

— Pero…— volvió a tomar un respiro. — Pero, el destino nos unió al de nuestros padres, y nos dio el mismo final que a ellos. — Franky quedó atónito, pues, entendía ahora que el Sr. F había sufrido un accidente automovilístico. — La adrenalina me cautivó y me posesionó y sin darme cuenta mi propia ansiedad me llevó a acelerar el final. — añadió.

— Aún no estamos muertos, me lo dijo el anciano. No hasta que la bestia tome control de la isla. Podemos evitarlo. — dijo Franky como instinto de supervivencia.

— Aún no estamos muertos Franky, es verdad, pero la bestia no puede ser vencida, es algo que jamás pasará, ella huele la muerte y sabe cuándo es su momento, es un ciclo, es su deber venir por nosotros, sabe que llegó nuestro tiempo y vino a recogernos y llevarnos de vuelta a de donde vinimos, las profundidades del océano. — Los ojos rojos de la bestia observaban todo y a pesar de que la visibilidad estaba condicionada por la neblina y la oscuridad de la noche, su enorme silueta estaba clara y cada vez más cerca. — Mira tras la bestia, ¿ves esa pequeña luz? — preguntó. Entonces Franky vio una ligera y casi imperceptible luz tras la gran figura de la muerte. — Pues, hay un nuevo sol; tras ese nuevo sol, existe un nuevo comienzo, un nuevo ciclo, un nuevo inicio; sin embargo, por más que corramos con todas nuestras fuerzas o por más rápido que vayamos hacia ahí, nosotros jamás lograremos llegar. — Los tentáculos de la bestia se arrastraban por las playas y poco a poco se adueñaban de los alrededores de la isla. —Perdóname, Franky, te he fallado, traje el final a nuestras vidas y para empeorar la situación, dejé libre al causante de todas nuestras penas. Todo fue en vano. — La desolación del sr. F, podía sentirse en el ambiente. — Pasé mucho tiempo intentando olvidar ese momento. Los años pasaban y aun no lograba digerir aquel recuerdo, la imagen de nuestros padres deformados por el impacto y en última agonía, fue demasiado para mí. Poco a poco fui llenándome de dolor y odio, lo que empezó a afectar la isla, el lugar de ser un hermoso paraíso se fue convirtiendo en un lugar lúgubre y demoníaco, por lo que decidí esconderme en el bosque muerto, el cual conoces. Iba adentrándome en la desesperación y me sentí perdido. — Franky tenía en su mente aquel niño que vio, el niño de los ojos brillantes y lo contrastaba con el Sr. F ahora, el cambio había sido drástico y parecía que toda la luz que alguna vez tuvo en él, desapareció completamente. Franky entendía el sufrimiento y dolor de la sombra que tenía enfrente. — Fue entonces, que un día algo llamó mi atención. Mientras estabas tú afuera en el mundo terrenal, cruzaste con un hombre el cual tú no reconociste; sin embargo, inmediatamente yo si sabía quién era ese sujeto, lo reconocí en el instante, pues, su rostro jamás había dejado mi mente. Tantos años habían pasado, pero estaba seguro, no había duda en mí de quien era y por eso te induje a que lo investigues, aunque tú ni sabías de que se trataba. Me sorprendí, pues, que probabilidades quedaban para que justamente la persona que se escapaba de mí, me encontrase. Pues, apareció cuando parecía que nunca volvería y que justicia jamás habría. — Un temblor parecía azotar la isla y el nivel del mar incrementaba alrededor de su gigantesco huésped. — Estaba claro que no harías nada, por lo que decidí actuar. Elaboré cautelosamente un plan. Tenía que traerte, al menos por un tiempo a este lugar, por lo que mediante sueños te engañé y logré encerrarte en la isla. Pude salir; sin embargo, cuando todo parecía ir encaminado, por fin lo justo se haría valer al menos por mano propia, pero cuando menos lo esperaba el plan se desmoronó y Jon, como lo hizo antes, volvió a escapar, esta vez llevándose con él, la última vida que había quedado pendiente desde aquel día. —

— Matar a Jon no habría traído justicia, él no es el culpable de nuestras penas. — interrumpió Franky. —Debes entenderlo. — A pesar del terrible escenario que observaba en frente y el dolor latente de los nuevos descubrimientos de los últimos días, tenía lucidez y la mente clara. — Debimos haber solucionado esto hace mucho tiempo. — dijo.

— Cómo puedes decir eso Franky. Jon ocasionó todo el accidente. Pero eso no es lo que me molesta, sino el hecho que escapó de su sentencia, y continuó con su patética vida, sin pagar por sus delitos. — El Sr. F parecía enojarse y tomó las barandas del balcón con fuerza. — Desde aquel instante que su imprudencia les costara la vida a nuestros padres, cada día es más solitario que el anterior. Es un camino a solas en la oscuridad, sin sentimientos, sin amor, únicamente con dolor y más que todo, miedo. Miedo a la oscuridad, miedo al sufrimiento, miedo a la muerte, a lo desconocido. — tomó un largo respiro y continuó. — Sabes la vida tan distinta que tendríamos por delante, aún con el amor inigualable de nuestros padres, sin traumas, sin tanto dolor, sin imágenes desgarradoras alimentándose de cada uno de nuestros pensamientos. Sólo piénsalo Franky. Lo que hubiese sido llevar una vida normal. — Franky por un momento pensó en lo que decía el Sr. F, una vida con sus padres para apoyarlo, con amigos, tal vez con una novia, sería algo muy distinto, una vida feliz. — Esa vida que estás pensando, se nos fue arrebatada Franky, injustamente arrebatada por un irresponsable infeliz que no tenía ni una gota de conciencia, como puedes decir que no merecía morir, es más debí torturarlo. — El Sr. F mientras hablaba de Jon se iba enfadando y sus ojos volvían a tener esa mirada maldita que tanto temor causaba en quien la miraba. Igualmente, todo a su alrededor parecía cubrirse por un humo oscuro y sus manos firmemente sujetadas al agarrador del balcón habían brotado venas en sus brazos. — Debí aprovechar ese momento a solas y empezar con el castigo, ese malnaci…—

— Suficiente. — interrumpió Franky. — ¿Qué acaso no lo ves? — preguntó bajando un poco el tono. — El odio y resentimiento estuvo contaminando todo a su alrededor, transformando la luz en sombra y los amigos en demonios. Nunca perdonaste ni sanaste y la herida se propagó como una fuerte infección. Sin darte cuenta, el paraíso que esta isla algún día fue, terminó por transformarse en un lugar lleno de oscuridad y desesperanza. -

— Franky hablaba con el corazón, empatizando con aquel joven sombrío de espaldas frente a él.

— Lo sé Franky. Pues, hasta el día de hoy aún extraño aquellas cristalinas aguas y hermosos paisajes de cuando esta carga no existía aún, cuando los sueños todavía estaban plenos de felicidad. Pero no puedo permitirme perdonar a aquel hombre, tú viste lo que hizo. ¿acaso no viste la cara de nuestra propia madre sucumbir ante los golpes tras el accidente, o a nuestro padre romperse como si fuese un muñeco de palillos entre los fierros del coche, o escuchaste a nuestro hermano gritar desde el vientre de nuestra madre por el dolor de no poder vivir? — preguntó el Sr. F exaltado. — No puedo Franky, él destruyó completamente nuestra vida y ni siquiera pagó por sus actos de irresponsabilidad. La justicia no existe y hoy lo comprobé. — añadió ahora con desgano y abatido por el dolor que sentía.

— Él no destruyó nuestra vida, fuiste tú, fuimos los dos. — Respondió Franky. — No pude controlarte y hace mucho debí hacerlo. — continuó. — Jon no nos arrebató aquella hermosa vida de la que hablas. — Tomó una pequeña pausa. — Él nos salvó. — añadió Franky. Entonces el sr. F por primera vez quitó la mirada de la tremenda bestia que anunciaba su llegada y miró con rabia a Franky.

— ¿Nos salvó dices? — Dijo casi gritando. — ¿Qué acaso estás loco? — Su enojo parecía incrementar y contaminaba su alrededor con oscuro humo. — ¿Cómo puedes decir que la persona que asesinó a nuestros padres, nos salvó? Todo esto jugó con tu cabeza y ahora hablas sandeces por la confusión, pues, no hallo otra explicación. — Por el contrario, Franky sentía lucidez y determinación, algo que jamás había sentido.

— No es cuestión de desconcierto ni un desbarajuste emocional, pues, lo que te digo es la verdad. — Franky hablaba con calma, pero sin perder templanza. — Jon no mató a nuestros padres, fue algo que salió de su control. — Agregó.

— Lo dudo Franky, pero si así fuese, eso no lo convierte en nuestro salvador. — Dijo el Sr. F con desidia y casi gritando.

— Por más que te cueste creerlo, él es nuestro salvador. Pues, nos rescató del mismo destino de nuestros padres. — Respondió Franky.

— ¿Qué? ¿Qué hablas Franky? Yo vi como Jon decidió volver a su coche tras el choque.

— El Sr. F persistía enfadado y estaba seguro que Franky se equivocaba, recordaba lo que había visto.

— Puede que en tu perspectiva así fuese, pero esa no es la realidad. El volvió a su coche, tras ver el accidente, pues, quería sacar una herramienta para quebrar el vidrio y rescatarnos. — La expresión en el Sr. F cambiaba poco a poco, las cejas ahora no mostraban enojo, sino desconcierto y sorpresa. — Una vez con la llave de tuercas que sacó de su guantera, volvió al coche donde tú ya estabas desmayado y debido a la imposibilidad de abrir las puertas, quebró el cristal y logró sacarnos del auto a tiempo, antes que este explotara con los cuerpos sin vida de nuestros padres dentro. Él nos salvó, aquel trágico día de morir junto a nuestros padres y fue sentenciado injustamente, pues, a pesar que su coche provocó el accidente él no era el culpable. — Aseveró Franky.

—¿Cómo puedes saberlo? — preguntó el Sr. F.

— Pues, lo vi, también estuve ahí. Y tú, más que nadie sabes cuándo miento y esta vez sabes que no lo hago. — Era verdad, pues, el Sr. F al igual que Franky, podía leer y descifrar las mentiras de su otra parte. — Jon aquel día, perdió su vida al igual que nosotros. Su familia, sus cosas, su casa. Él también sufrió el mismo calvario que nosotros desde aquella noche. — el Sr. F escuchaba callado y meditaba cada palabra que salía de la boca de Franky. — Él no es el culpable de nuestro dolor, él sufre igualmente cada instante desde ese día y piensa en aquel niño que rescató de las llamas todos los días antes de dormir. Jon no tendría que haber vivido todo lo que vivió, como nosotros tampoco; sin embargo, el destino así lo quiso y lo único que podemos hacer es mirar adelante con lo que tenemos y con lo que la vida nos dejó. — añadió Franky con seguridad. — Sé que nunca supiste lo que ahora te digo, pues, te dejaste llevar por el odio y la venganza, pero ahora es tiempo que dejes ir el rencor y la desesperación. Debes perdonar. — Concluyó. El Sr. F parecía reflexionar, sus ojos se abrían y el ceño se arrugaba. Sabía que lo Franky le había dicho era verdad, aunque no la quería aceptar, lo sabía.

— Franky, puede que tengas razón — dijo. — Y lo que me dices es algo revelador en serio ; sin embargo, descubriste todo esto muy tarde, pues, la bestia está aquí y no se irá sin nosotros. — Agregó el Sr. F volviendo a girar y posando nuevamente su mirada en el océano y el espantoso ser que asomaba.

2

— El final ha llegado y no pienso escapar. Me gustaría haber hablado contigo hace mucho tiempo Franky, lástima que nuestro mañana esté borrado y este momento no se repetirá.
— Los tentáculos de la bestia ahora se adueñaban de la isla y hacían escapar, sin éxito, a sus huéspedes con forma de demonios que merodeaban los alrededores. Igualmente, árboles y construcciones eran arrolladas por las fuertes olas y la marea alta que atraía la bestia. — Pasó mucho tiempo y las cosas cambiaron. — El Sr. F hablaba denotando nostalgia. — El dolor estuvo matándome por dentro y siempre tuve que esconderlo. Nadie veía en mis ojos la realidad, la agonía. Pronto mis sentimientos me dejaron de importar y di rienda suelta a la desolación. — Franky permanecía en silencio escuchando lo que la sombra tenía para decir. Percibía que el Sr. F intentaba dar una descarga de lo que sufrió por años. Cómo desahogarse antes del final. — Siempre creí que nunca nadie vería mi posición, mi sentir y dejé de intentar simpatizar con los demás, en especial

contigo. Di la espalda a todos incluso a mí mismo y hace tiempo olvidé lo que era perdonar o pedir perdón. Cada día era peor que el anterior y todo parecía como una interminable carretera sin final. Es irónico que ahora sufra por estar ante mis últimos momentos cuando estuve esperando este día tanto tiempo. — Ahora el hotel empezaba a temblar y sacudirse, los ojos sangrientos de la bestia estaban completamente posados en Franky y su sombra. — Era como constantemente extrañar mi hogar, aunque ya estaba en él. Tal vez extrañaba lo que solía ser este lugar, lleno de felicidad y luz, ahora me enferma. Sentía poco a poco que desaparecía, que me convertía en un fantasma. Estaba sólo y no era nadie. No tenía a nadie y eso parecía no importarme, era sólo un alma perdida. — El Sr, F hablaba intentando no ceder ante el dolor. — Mi corazón se estuvo enfriando mucho tiempo, mi cabello oscureciendo, mi piel agrietando y mis pensamientos se tornaron confusos y errantes. — Lágrimas intentaban salir de sus ojos, pero se volvían a guardar. — Entonces vi en lo que me convertí, vi como decaí, como sucumbí. — Franky quería decir algo, pero las palabras no salían de su boca. — El incomprendido, el desorientado, el sin destino, el mal encaminado, la oveja negra. — dijo viendo a la bestia la cual igualmente lo veía. — Franky nunca estuvo destinado a ser. Y aunque me encuentre en la oscuridad, puedo ver y observo claramente que este mundo no está hecho ni para ti ni para mí. — El hotel comenzó a derrumbarse y la bestia había inundado casi toda la isla exceptuando aquel lugar donde se encontraba Franky y el Sr. F conversando.

3

— ¿Acaso trascenderemos? Tiene que haber algo más que esto. — Franky hablaba angustiado.

— No lo sé Franky, pero espero que tengamos alguna vez una chance más, en esta o en otra vida. — El Sr. F había desistido y cualquier esperanza de vida en sus ojos había desaparecido. — La bestia llegó, al menos moriré peleando. — aseveró, desafiando al majestuoso ser que tenía enfrente, el cual había inundado casi por completo la isla y se aferraba a cada árbol y ladrillo con sus enormes tentáculos que al mismo tiempo se encargaban de destrozar todo en su camino. — He fallado. — concluyó. La bestia y sus enormes ojos estaban derrumbando el hotel demostrando que el final había llegado. Franky sabía lo que eso significaba; sin embargo, estaba seguro de algo, no moriría sin hacer las paces con el Sr. F, al menos intentar llegar a algo así como a un último acuerdo.

— Ya no importa lo que ocurrió o pudo ocurrir, al menos debo decirte algo antes que todo esto termine. — El Sr. F asintió con la cabeza sin dar la vuelta. —Mírame cuando te hablo. — dijo Franky con autoridad, entonces el Sr. F dio la vuelta, como si estuviese obligado a obedecer. — Ahora tú me miras, pero yo al verte, veo a través de ti. — siguió. Mientras la bestia en frente, ahora parecía preparada para devorar a ambos.

— En tus ojos veo la sangre en cada vena denotando noches sin dormir y los párpados agotados de tanto llorar. Como también, en el fondo de tu mirada, veo el amor que intentas desesperadamente esconder. — La bestia se alzaba con poderío, trayendo con ella un sonido estremecedor. — Veo el dolor escondido tras tu orgullo y la desesperanza disfrazada de prepotencia. — Tenían la mirada el uno en el otro, a pesar de la catástrofe que estaba dando lugar a su alrededor. — Son claras las verdades que esconden tus mentiras, como la tristeza tras tu desidia. Veo la culpabilidad retenida y la vergüenza en manifiesto. — La bestia abría su boca, en señal de que devoraría a Franky y al Sr. F, los cuales aún seguían haciendo contacto visual, ignorando lo que pasaba en el ambiente. — Veo el pasado reflejado en ti y las cicatrices que perdurarán a través del tiempo. Sin embargo, aún puedo ver la mirada de nuestra madre y la sonrisa de nuestro padre en tu rostro. — El agua se acumulaba y llegaba casi hasta sus pantorrillas, mientras la bestia se alistaba para dar la estocada final. —Ha pasado mucho tiempo y hasta ahora no veo a nadie a tu lado y a pesar de todo estuviste conmigo en las buenas y las malas. Fuiste mi único amigo por mucho tiempo y aun cuando todo caía, permaneciste leal. Siempre festejaste mis logros y lloraste más que nadie mis derrotas. — La habitación 601 y el balcón estaban cayendo y los tentáculos de la bestia se elevaron listos para terminar con todo. — Y la verdad es que no veo a nadie, excepto a mí mismo. Por lo que te pido que al menos volvamos a juntarnos, volvamos a nuestro inicio, aun si este es el final. — Franky estiró la mano buscando la palma del Sr. F. — Si caemos, quiero que sea juntos. Dijiste que el mundo jamás nos comprendería, pero para qué necesitamos al mundo si nos tenemos nosotros. — Gritó mientras todo se desmoronaba a su alrededor.

21. ¿Muerte?

1

Franky abrió los ojos e inmediatamente observó una gran luz casi cegadora, poco a poco el impacto de la iluminación fue decayendo y se dio cuenta de que se encontraba en una habitación de paredes blancas y techos blancos. Estoy en el cielo. — pensó, mientras aún seguía enceguecido y mareado.

— Franky. — De repente escuchó una voz familiar, pero no le salían las palabras para responder a ella. — Por fin. Pensé que no volverías— dijo. — Ya habrá tiempo de hablar de lo sucedido. Por ahora solo debes mejorar ¿Cómo te sientes? — preguntó aquella voz. Franky no pudo decir nada, pero en su mirada algo resaltaba, un ojo oscuro y el otro claro indicaban que Franky no volvería a soñar.

www.ingramcontent.com/pod-product-compliance
Lightning Source LLC
LaVergne TN
LVHW061542070526
838199LV00077B/6871